Reclam Literaturunterricht

Sachanalysen. Stundenverläufe. Arbeitsblätter

Gottfried Keller
Romeo und Julia auf dem Dorfe

Von Bernd Völkl

Reclam

Abkürzungen und Symbole

EA Einzelarbeit
PA Partnerarbeit
GA Gruppenarbeit
UG Unterrichtsgespräch
LV Lehrervortrag

* Kennzeichnung eines zusätzlichen Arbeitsauftrags oder Unterrichtsschritts auf erhöhtem Niveau (für Binnendifferenzierung)
HA Hausaufgabe

Verweis auf die zugehörige Ausgabe:
Gottfried Keller: Romeo und Julia auf dem Dorfe. Hrsg. von Wolfgang Pütz.
Stuttgart: Reclam, 2017 [u. ö.]. (Reclam XL. Text und Kontext. 19040.)

Code für editierbare Arbeitsblätter und Vorlagen

Alle für den Unterricht benötigten *Arbeitsblätter* und *Vorlagen* (Bilder und Texte) sind digital auf der Webseite **www.reclam.de/lehrer_keller_romeo** zum Download verfügbar. Bitte geben Sie folgenden Code ein:

Reihenkonzept: Max Kämper

Reclam Literaturunterricht | Nr. 15804
2019 Philipp Reclam jun. Verlag GmbH,
Siemensstraße 32, 71254 Ditzingen
Druck und Bindung: Elanders GmbH,
Anton-Schmidt-Straße 15, 71332 Waiblingen
Printed in Germany 2019
RECLAM ist eine eingetragene Marke
der Philipp Reclam jun. GmbH & Co. KG, Stuttgart
ISBN 978-3-15-015804-3
www.reclam.de

Inhalt

Vorbemerkung

Romeo und Julia auf dem Dorfe ist neben *Kleider machen Leute* die bekannteste Novelle aus Kellers Zyklus *Die Leute von Seldwyla*. Der erste Teil mit fünf Novellen erschien 1856, der zweite Teil mit ebenfalls fünf Geschichten folgte 1874. *Romeo und Julia auf dem Dorfe* wurde nach fast zehnjähriger Vorarbeit 1856 vollendet, erhielt aber erst 1874, kurz bevor die Novelle erstmals als Einzelwerk veröffentlicht wurde, ihre endgültige textliche Gestalt.

Romeo und Julia auf dem Dorfe erzählt die Geschichte des unversöhnlichen Hasses der Bauern Manz und Marti und die tragisch endende Liebesgeschichte ihrer Kinder Sali und Vrenchen. Die Liebesthematik, der tragische Ausgang und schwierige ethische Probleme wie die Frage nach der Rechtfertigung eines Selbstmords stoßen bei Schülerinnen und Schülern auf starkes Interesse. Der historische Abstand, insbesondere der vorausgesetzte Hintergrund des damaligen bürgerlichen Normensystems, ist eine gewisse Verständnishürde, die besonderer Aufmerksamkeit seitens der Lehrkraft bedarf.

Romeo und Julia auf dem Dorfe hat aber schon lange einen festen Platz in der Schule und gilt als klassische Schullektüre. Der bekannte Literaturkritiker Marcel Reich-Ranicki nahm das Werk in seinen Literaturkanon auf. Für ihn gehörte es sogar zur »Mindestration für die Gymnasiasten«. Zumeist wird das Buch für die 9. Klasse empfohlen, es kommt aber auch in Lektürelisten der Oberstufe vor. Auszüge aus dem Werk wurden auch schon bei Abituraufgaben verwendet.

Benutzungshinweise

Der Band enthält zwölf aufeinander aufbauende Unterrichtsstunden und eine Klausuraufgabe mit Lösungshinweisen.

Jeder Entwurf einer Unterrichtsstunde besteht aus zwei Teilen:
- **Sachanalyse** mit einem praxisorientierten, auf den Unterrichtsverlauf bezogenen Interpretationsangebot
- **Unterrichtsverlauf** mit (a) kurzem Überblick über Thema und Ziel, (b) den Unterrichtsschritten in tabellarischer Übersicht und (c) ausführlichen Erläuterungen zu den einzelnen Unterrichtsschritten

Jede Unterrichtsstunde bietet alle für den Unterricht benötigten Materialien:
- kopierfähige **Arbeitsblätter** (ggf. mit Lösungshinweisen im Anhang)
- **Vorlagen** (Bilder oder Texte)
- **Tafelbilder** (Vorschläge für die mediale Präsentation)

Die Unterrichtsstunden enthalten an allen geeigneten Stellen Hinweise für
- einen möglichen **verkürzten Verlauf** (als fakultativ gekennzeichnete Unterrichtsschritte)
- eine mögliche **Binnendifferenzierung** (die entsprechenden Arbeitsaufträge auf erhöhtem Niveau sind mit einem Asterisk * gekennzeichnet)

Textgrundlage ist die Ausgabe:
Gottfried Keller: Romeo und Julia auf dem Dorfe. Hrsg. von Wolfgang Pütz. Stuttgart: Reclam, 2017 [u.ö.]. (Reclam XL. Text und Kontext. 19040.)

1 Die Zeit der Novelle kennenlernen

Sachanalyse

Vom Wiener Kongress wurde 1815 die Neutralität der Schweiz anerkannt. An den europäischen Konflikten der folgenden Jahrzehnte war die Schweiz nicht beteiligt. Ein neuer Bundesvertrag der Eidgenossen stärkte die Unabhängigkeit der Kantone. Der Konflikt zwischen der liberalen Bewegung und der konservativen Reaktion spaltete auch die Schweizer Innenpolitik. Nach der Juli-Revolution in Frankreich wurden in den Jahren 1830 und 1831 in mehreren Kantonen aristokratische Regierungsformen abgeschafft. Gegen diese liberalen Tendenzen bildete sich der katholische Sonderbund. Im Sonderbundskrieg unterlagen 1847 die katholischen Kantone. Der Sonderbund wurde daraufhin aufgelöst. Die Schweiz bekam eine liberale Verfassung. Die Zentralgewalt wurde gegenüber den Kantonen gestärkt. Die Schweiz wurde damit zu einem Bundesstaat. Die Verfassungsordnung, die damals entstand, wurde zwar einige Male reformiert, gilt aber im Grunde bis heute. Von der großen Politik, die damals zu großen Veränderungen führte, wollten auch in der Schweiz viele Bürger nichts wissen. Es ist die Zeit des Biedermeier, in der viele nach dem »stillen Glück im Winkel« suchen und nur ihre Familie und ihre berufliche Tätigkeit im Blick haben. An den wirtschaftlichen und technischen Veränderungen kam aber in dieser Zeit niemand vorbei. 1847 wurde in der Schweiz die erste Eisenbahnlinie in Betrieb genommen, die Industrialisierung erreichte auch manche der agrarischen Regionen des Landes.

Dieser wirtschaftliche Umbruch kommt in der Novelle nicht direkt vor. Es wird vielmehr eine agrarische Gegend geschildert, eine Gesellschaft der Bauern und Handwerker, in der die neue Zeit anscheinend noch nicht angekommen ist. Mit Seldwyla, dem Schauplatz des ganzen Novellenzyklus, hat Keller sogar einen literarischen Ort geschaffen, der die Situation in einer ländlichen Kleinstadt der Schweiz des mittleren 19. Jahrhunderts so abbildet, dass er geradezu zum Inbegriff von rückständiger Kleinbürgerlichkeit geworden ist. Typisch für die Einwohner dieser Stadt ist auch ihre ökonomische Unfähigkeit. Wirtschaftliche Tüchtigkeit beweisen nur die, die von außen kommen oder einmal in der Fremde gelebt haben.

Wenn man die Zeit, in der die Novelle spielt, verstehen will, muss man sich klarmachen, dass gerade Zeiten des Umbruchs Zeiten voller Widersprüche sind. Manche Menschen oder Regionen erleben einen schnellen und radikalen wirtschaftlichen und gesellschaftlichen Wandel, andere Gegenden bleiben davon erst einmal völlig unberührt. Das gilt auch für die Schweiz, wo Keller lebte. Aber letztlich brachte die Zeit der Industrialisierung für die Menschen überall in Europa viele Veränderungen im Alltagsleben mit sich. Zumeist wurde das Leben bequemer und gesünder, die Lebenserwartung stieg. Fortschritte in der medizinischen Versorgung, in der Hygiene oder bei der Nahrungsmittelversorgung spielten dabei ebenfalls eine wichtige Rolle. Nach der Reform der Bundesverfassung 1848 hatte die Schweiz keine Kriegsopfer mehr zu beklagen.

Trotz dieser Fortschritte war die Zeit weit davon entfernt, ein Paradies zu werden. Es gab nämlich auch die Verlierer des Fortschritts. Opfer waren die Menschen, die sich nicht auf die neue Zeit einstellen konnten oder denen von den Privilegierten keine Chance gegeben wurde, Menschen, deren Arbeitskraft brutal ausgebeutet wurde, ohne dass sie darauf hoffen konnten, gesicherte soziale Verhältnisse oder gar gesellschaftlichen Aufstieg zu erreichen. Die Industriearbeiterschaft litt unter schlechten, oft gefährlichen Arbeitsbedingungen, unter überlangen Arbeitszeiten und wurde auch noch miserabel bezahlt. Diese soziale Frage wurde zu einem gesellschaftlichen Problem. Davon findet sich kein Widerhall in Kellers Novelle, aber auch seine kleinbürgerlich-agrarische Welt, die scheinbar im gesellschaftlichen Gestern stehen geblieben ist, kennt soziale Ungerechtigkeiten, die sich oft hinter einer braven bürgerlichen Fassade verstecken. Dies wird in Kellers Geschichte am Problem der Heimatlosen deutlich gemacht.

Unterrichtsverlauf

Überblick. Anhand eines Arbeitsblattes, das Bilder vom ländlichen Leben in der Schweiz des 19. Jahrhunderts zeigt, bekommen die Schülerinnen und Schüler Eindrücke von dem bäuerlichen Leben früherer Zeiten, das den meisten komplett fremd ist. Davon ausgehend wird der Blick dann ausgeweitet, um ihnen klarzumachen, wie sehr sich das Leben der Menschen im 19. Jahrhundert verändert hat. Damit soll die Klasse einen ersten Einblick in die Zeit bekommen, in der Novelle spielt. Der Akzent liegt dabei auf den Lebensbereichen, die für die Handlung von *Romeo und Julia auf dem Dorfe* eine größere Rolle spielen. Mit dem historischen und sozialgeschichtlichen Wissen soll das Verständnis der gemeinsamen Lektüre erleichtert werden.

Phase	Thema	Sozialform	Kompetenzen und Lernziele	Materialien
Voraussetzungen: keine				
1.1	Einstiegsphase: Ländliches Leben in der Schweiz des 19. Jahrhunderts	EA / PA / UG	• Bildbeschreibung und -deutung üben • Eindrücke aus den Bildern artikulieren und mit anderen diskutieren • Gemeinsam Schlüsse zu der Art des Lebens im 19. Jahrhundert ziehen	ARBEITSBLATT 1a ➤ S. 9
1.2	Erweiterung des Blickfelds: Tiefgreifende wirtschaftliche und soziale Veränderungen im Europa des 19. Jahrhunderts	EA / UG	• Ein Arbeitsblatt anhand von Arbeitsaufträgen auswerten • Kenntnisse über wesentliche Entwicklungen im Europa des 19. Jahrhunderts erarbeiten	ARBEITSBLATT 1b ➤ S. 10
1.3	Hinwendung zum gesellschaftlichen Hintergrund der Novelle	EA / UG	• Ein Arbeitsblatt anhand von Leitfragen auswerten • Kenntnisse über die Problematik der Heimatlosen in der Schweiz des 19. Jahrhunderts erarbeiten	ARBEITSBLATT 1c ➤ S. 11
1.4	Zusammenfassung und Sicherung des Lernstoffs	UG	• Erworbene Kenntnisse ins Unterrichtsgespräch einbringen • Den zeitgeschichtlichen Hintergrund des Geschehens der Novelle kennen und verstehen	TAFELBILD 1 ➤ S. 62
HA	Lektüre des ersten Abschnitts der Novelle			*Romeo und Julia auf dem Dorfe*, Reclam XL, S. 3–11, Z. 11

1.1. Einstiegsphase: Ländliches Leben in der Schweiz des 19. Jahrhunderts

EA / PA / UG

ARBEITSBLATT 1a
➤ S. 9

Unterrichtsschritt. Die Schülerinnen und Schüler bekommen das ARBEITSBLATT 1a ***Ländliches Leben in der Schweiz des 19. Jahrhunderts***, das Bilder vom ländlichen Leben in der Schweiz des 19. und beginnenden 20. Jahrhunderts enthält. Nach der Methode »think – pair – share« sollen sie die Aufnahmen, die natürlich weit vom heutigen technischen Standard entfernt sind, auf sich einwirken lassen, dann ihre Eindrücke mit dem Sitznachbarn austauschen und sich anschließend am Unterrichtsgespräch beteiligen, wenn die Eindrücke der Klasse gesammelt werden.

Erläuterungen zu den Bildern. Bild (1) zeigt eine Familie in bäuerlicher Tracht inmitten einer Schweizer Berglandschaft um 1928. In Handarbeit wird Getreide geerntet. Es handelt sich um anstrengende körperliche Arbeit. (Aus: *Schweizer Volksleben*, Bd. 1, hrsg. von H. Brockmann-Jerosch, Zürich 1929, Abb. 125.)

Bild (2), das etwa um 1910 von Franz Rohr aufgenommen wurde, zeigt schwer beladene Maultiere in Stalden. Es gibt noch keine Motorisierung. Für schwere Lasten, die über weitere Strecken transportiert werden müssen, braucht man Tragtiere. Diese Art des Transports ist mühselig, zeitaufwendig und beschränkt sich auf kleinere Mengen.

Bild (3): Es ist selbstverständlich, dass Kinder auf den Höfen mitarbeiten müssen. Sie sind von klein auf an harte körperliche Arbeit gewöhnt und lernen, dass man in der warmen Jahreszeit Vorkehrungen für den Winter treffen muss, z. B. Brennholz herstellen. Das Geld für Schuhe fehlt, im Sommer läuft man barfuß. (Knaben in der Erziehungsanstalt Sonnenberg bei der Arbeit, Kriens, 1944. Foto: Paul Senn. Bernische Stiftung für Fotografie, Film und Video. Kunstmuseum Bern, Dep. GKS. © GKS.)

Bild (4) zeigt, wie die bäuerliche Bevölkerung noch um 1928 im Herbst Blätter für das Füllen der Matratzen sammelt und mit den beladenen Tieren und Gefährten abtransportiert. Die Dorfbewohner sind noch so arm, dass sie alle Möglichkeiten, die die Natur ihnen bietet, ausnutzen müssen. (Aus: *Schweizer Volksleben*, Bd. 1, Abb. 125.)

Bild (5): Besonders hart ist das Los der landlosen Landarbeiter. Sie finden vor allem in Zeiten der Saat und der Ernte Arbeit und müssen ansonsten sehen, wie sie durchkommen. Die Landarbeit ist noch sehr personalintensiv, man verwendet Werkzeuge, aber noch kaum Maschinen. (© Ortsmuseum Urdorf.)

Bild (6): Gebirgswiesen sind für die Viehzucht von großer Bedeutung. Es muss für die Winterfütterung Heu eingebracht werden. Auch dies bedeutet harte körperliche Arbeit. Das fertige Heu wird dann auf Wagen oder Schlitten aufgeladen, die auf die Höfe gebracht werden. Auch bei dieser Arbeit sind häufig Kinder beteiligt. (Aus: *Schweizer Volksleben*, Bd. 1, Abb. 44.)

1.2 Erweiterung des Blickfelds: Tiefgreifende wirtschaftliche und soziale Veränderungen im Europa des 19. Jahrhunderts

Unterrichtsschritt. Die Lerngruppe bearbeitet das ARBEITSBLATT 1b ***Europa 1800–1880***, das im Anschluss im Unterrichtsgespräch ausgewertet wird.

EA / UG

ARBEITSBLATT 1b
➤ S. 10

Erläuterungen. Den Schülerinnen und Schülern soll bewusst werden, welche tiefgreifenden wirtschaftlichen und sozialen Veränderungen im Europa des 19. Jahrhundert den Kontinent erfasst haben. Es ist eine Zeit, in der traditionelles Wirtschaften und rasanter technischer Fortschritt nebeneinander existieren, wobei die Industrialisierung die herkömmliche Agrarwirtschaft immer mehr verdrängt. Diese Zeit des Umbruchs beendet die regelmäßigen Hungerkrisen und schafft neuen Wohlstand, zugleich gibt es aber auch die Verlierer des Fortschritts: Viele verlieren ihren sozialen Status und ihre soziale Verwurzelung. Dies wird von den Schülern mit dem Arbeitsblatt selbst erarbeitet und dann ins Unterrichtsgespräch eingebracht. Dabei ist es Aufgabe der Lehrkraft, die Bedeutung dieses Umbruchs für Wirtschaft und Gesellschaft zu verdeutlichen.

1.3 Hinwendung zum gesellschaftlichen Hintergrund der Novelle

Unterrichtsschritt mit Erläuterungen. Als Vertiefung soll der Klasse anhand von ARBEITSBLATT 1c ***Das Problem der »Heimatlosen«*** deutlich werden, dass die Industrialisierung den Menschen viele Vorteile brachte und ihr Leben verbesserte, es aber auch Verlierer des gesellschaftlichen Fortschritts gab. Dabei handelt es sich nicht nur um die Industriearbeiter, denen für überlange Arbeitszeiten nur ein geringer Lohn ausbezahlt wurde, von dem sie ihre Familien nicht ernähren konnten. Die Industriearbeiter spielen in den Werken Kellers keine Rolle. Deswegen wird der Blick auf ein spezielles Schweizer Problem gerichtet, das in der Novelle thematisiert wird, nämlich das Problem der Heimatlosen.

EA / UG

ARBEITSBLATT 1c
➤ S. 11

1.4 Zusammenfassung und Sicherung des Lernstoffs

Unterrichtsschritt. Im Unterrichtsgespräch wird der Stoff der Stunde zusammengefasst. Die Ergebnisse werden im TAFELBILD 1 gesichert und mitgeschrieben.

UG

TAFELBILD 1
➤ S. 62

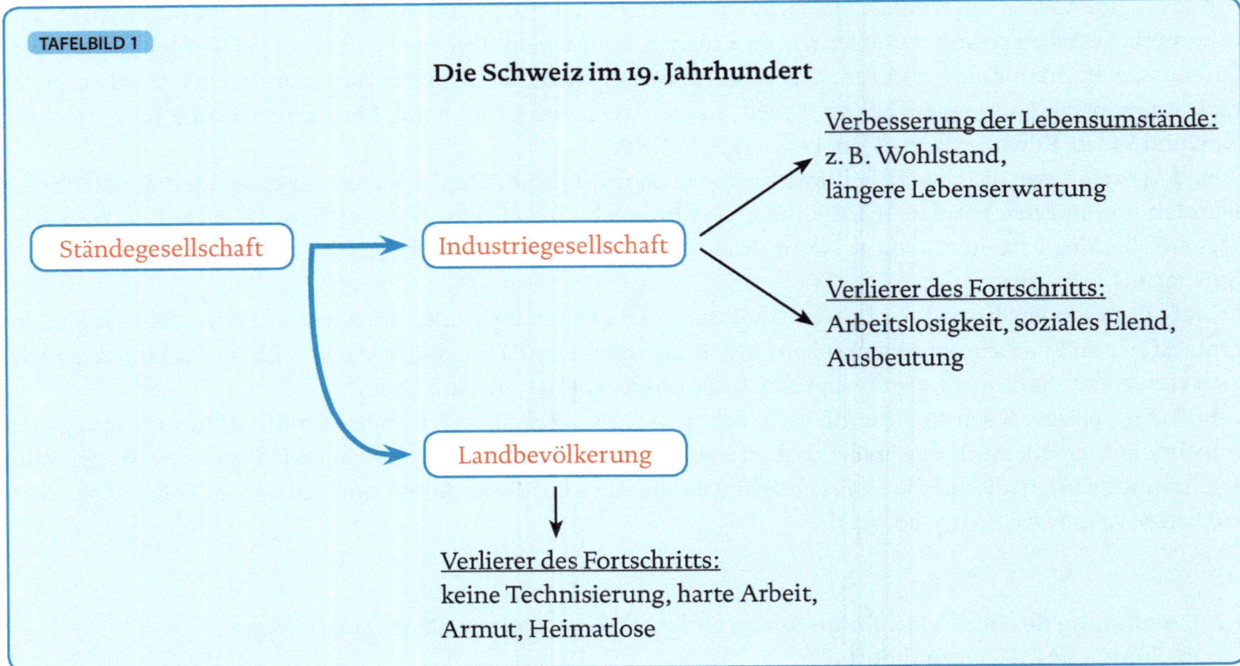

Hausaufgabe

Lektüre des ersten Abschnitts der Novelle (*Romeo und Julia auf dem Dorfe*, Reclam XL, S. 3–11, Z. 11; »Diese Geschichte zu erzählen« bis »›[…] das weiß kein Weber!‹«).

Ländliches Leben in der Schweiz des 19. Jahrhunderts

1

2

3

4

5

6

Arbeitsaufträge:

1. Lass die Bilder auf dich wirken und stelle dir vor, dass du in der damaligen Zeit gelebt hast.
2. Tausche mit deinem Nachbarn deine Eindrücke und Empfindungen aus! Überlegt gemeinsam, ob ihr in der damaligen Zeit hättet leben wollen.

ARBEITSBLATT 1b

Europa 1800–1880

Europa 1800–1850: Gesellschaft im Übergang

»Obwohl die Industrielle Revolution in England bereits in den 1770er-Jahren begonnen hatte und die Wirtschaft in England und Südschottland (aber nicht in Irland) um die Jahrhundertmitte schon stark von der industriellen Produktionsweise geprägt war, beschränkte sich die Industrialisierung auf dem Kontinent noch für mehrere Jahrzehnte auf kleine Enklaven. Außerhalb Deutschlands waren dies Belgien (das als selbstständiger Staat erst 1830 entstanden war), einzelne Regionen Frankreichs, die Nordschweiz oder Katalonien. Die meisten Bewohner Europas waren um 1850 noch nicht mit der Fabrikindustrie in Berührung gekommen. Neugierige Besucher vom Kontinent reisten in die Industriestadt Manchester, um dort eine neue Welt der Dampfmaschinen und der Massenproduktion zu bestaunen, die es zu Hause nicht gab. Um 1850 überstieg in Europa insgesamt die Zahl der handwerklichen Schuster, Schneider oder Weber diejenige der Kohlebergleute, Maschinisten und Bediener dampfgetriebener Spinnmaschinen. Wenn von »Arbeitern« die Rede war, dachte man weniger an ein industrielles Proletariat als an Tagelöhner, herumziehende Handwerksburschen oder Frauen, Kinder und Männer, die auf dem Lande für städtische »Verleger« weiterverarbeitende Tätigkeiten verrichteten. […]

Obwohl sich die vorindustriellen Verhältnisse der Frühen Neuzeit bis in die Mitte des 19. Jahrhunderts fortsetzten und obwohl Millionen von Menschen an der Armutsgrenze lebten und weiterhin von Hungersnöten bedroht blieben, war die erste Hälfte des Jahrhunderts keineswegs bloß eine Zeit wirtschaftlicher und gesellschaftlicher Stagnation [Stillstand]. In Frankreich und in manchen Gebieten, die unter seinen Einfluss geraten waren, hatten sich die Eigentumsverhältnisse drastisch gewandelt. Aristokratischer Landbesitz und das Grundeigentum der Kirche waren an Bauern umverteilt worden. Frankreich wurde zu einem Land selbstständiger Kleinbauern. ›Bauernbefreiungen‹ unterschiedlicher Art hatten alte Feudalprivilegien wie etwa Arbeitsdienste für den Herrn und Sonderabgaben zu zahlreichen Anlässen abgeschafft und die Rechtsstellung der Bauern insgesamt verbessert, jedenfalls in einer breiten Zone, die von der Elbe und den Pyrenäen begrenzt war. Europa lebte weiterhin überwiegend von der Landwirtschaft; vor allem auf der iberischen Halbinsel, dem Balkan und in Osteuropa blieb sie dominant. Doch war Bewegung in den Charakter der ländlichen Gesellschaft gekommen. Dazu trug auch bei, dass kommerzielle Beziehungen auf dem Lande zunahmen und sich verdichteten. Immer weniger Bauern produzierten allein für den Eigenbedarf der Familie oder des Dorfes, immer mehr versorgten über Zwischenhändler entfernte Märkte.«

Europa 1850–1880: Wohlstand

»Europa begann zu prosperieren [reich zu werden]. Für eine wachsende Zahl seiner Bewohner wurde das Leben luxuriös, für eine viel größere Zahl aber wurde nicht weniger Entscheidendes gewonnen: ein Minimum an materieller Sicherheit. Die späten 1840er-Jahre waren an vielen Orten, nirgendwo dramatischer als in Irland (wo der Hungersnot von 1846 bis 1852 ein Achtel der Bevölkerung zum Opfer fiel), eine Zeit des Hungers oder zumindest des nur prekären Überlebens gewesen. Im folgenden Jahrzehnt wurde die Macht des Hungers über europäische Gesellschaften gebrochen; nur noch vereinzelt kam es in Friedenszeiten zu akuten Krisen der Grundversorgung. […]

Um die Jahrhundertmitte begann nun nicht nur in Deutschland, sondern auch in einer wachsenden Zahl von Wachstumskernen in anderen Ländern Europas ein, wie die Ökonomen sagen, wirtschaftliches Wachstum, ›das sich selber trägt‹. Mit anderen Worten: Die Wachstumsraten der Produktion waren langfristig und stabil höher als die der Bevölkerung. Damit konnte im Durchschnitt einer Volkswirtschaft das Einkommen pro Kopf steigen; der verfügbare, also für Konsumausgaben und Ersparnisse einzusetzende Verdienst nahm zu.

Die konsumtive [verbrauchende] Verwendung von Einkommen schuf Nachfrage auf dem Markt, was wiederum eine Erweiterung der Produktion anregte. […]

Sozial gesehen gab es selbstverständlich Gewinner und Verlierer. Landarbeiter hatten vom langsam steigenden Wohlstand weniger als höher qualifizierte Fachkräfte, die in den neuen Wachstumsbranchen Eisen und Stahl, Metallverarbeitung, Bergbau und Eisenbahn Beschäftigung fanden. Hunderttausende, die in niedergehenden Gewerben und Handwerken arbeiteten, machten die Erfahrung von Arbeitslosigkeit, Statusverlust und Entwurzelung.«

Jürgen Osterhammel: Das 19. Jahrhundert. In: Informationen zur politischen Bildung 315 (2012). S. 21 f., 40 f.

Arbeitsaufträge:

1. Welche Veränderungen bringen die Industrialisierung und die Beseitigung der alten ständischen Ordnung für das Leben der breiten Bevölkerung mit sich?
2. Inwieweit waren die Menschen in der Mitte des 19. Jahrhunderts von der Veränderung hin zur industriellen Produktion betroffen?

ARBEITSBLATT 1c

Das Problem der »Heimatlosen«

Theodor Mügge (1802–1861), deutscher Schriftsteller und Publizist, über das Problem der »Heimatslosen«:

»Jede Gemeinde, worunter in der Schweiz nicht Kirchengemeinde, sondern politische Gemeinde verstanden wird, deren Leben und Wohlfahrt im Staat eng verbündet ist, hat nun ebenfalls eine Gemeindeversammlung, welche aus allen Bürgern besteht, deren Namen, als zu ihr gehörend, im Bürgerbuche eingetragen stehen. Das Eingetragensein in diese Stammrolle ist von großer Wichtigkeit, denn ohne dasselbe ist man heimatslos, und hieran knüpft sich in der Schweiz ein trauriger, fürchterlicher Zustand, der zu den größten Grausamkeiten und Abscheulichkeiten schon Anlass gegeben hat, von allen Menschenfreunden und wohlgesinnten Männern aufs Tiefste beklagt wird, aber bis jetzt keine Abhülfe gefunden hat, so oft und so laut auch edle Stimmen sich erhoben haben. Die Heimatslosen sind ein Schandfleck für die Schweiz, das kann man in hundert und hundert Schweizerbüchern lesen, und Geschichten von Verfolgungen und Grausamkeiten obenein, die das Blut erstarren machen. Allein die Ursachen dazu liegen tief in dem ganzen gesellschaftlichen Zustande der Schweiz begründet, der darauf fußt, dass das Gemeindewesen alle gesellschaftliche Ordnung stützt und trägt, und jedes Gemeindeleben gleichsam einen kleinen Staat im Staate bildet, welches sich neben dem Nachbar abgrenzt und aus einer Reihe solcher Gemeindeverbände das Kantonalleben darstellt, das ihre inneren Verschiedenheiten unangetastet lässt. Jeder Schweizer, der von gemeindebürgerlichen Eltern geboren ist, wird durch seine Geburt Bürger derselben Gemeinde, zu der seine Erzeuger gehören; dadurch auch Kantonsbürger und Bürger der Eidgenossenschaft. Er nimmt teil an allen politischen Rechten, übt diese aus nach den bestehenden Gesetzen, nimmt teil an dem gemeinsamen Vermögen der Gemeinde, wird unterstützt aus den Armengütern, wenn er bedürftig ist, und trägt zu den Lasten bei, welche gemeinsam getragen werden müssen. Er ist also vollberechtigt zu allem, sobald sein Name als Gemeindebürger im Bürgerbuche verzeichnet steht; aber wehe ihm, wenn er zu den Parias gehört, die ihre Existenz in der Gemeinde nicht nachweisen können, was durch Unsicherheit der Zeiten, durch Verlust von Papieren, durch heimliche und uneheliche Geburten, durch Betrug und Nachlässigkeiten und manche andere Umstände hergekommen sein kann. Dann ist er heimatslos; die Gemeinde stößt ihn von sich und keine nimmt ihn auf. Wie ein wildes Tier gehetzt, flieht der Ausgestoßene von Ort zu Ort, wandert von Gefängnis zu Gefängnis, wird aus einem Kanton in den anderen transportiert, gemartert, verfolgt, verflucht und überall hülflos gelassen, denn jeder dieser kleinen Staaten besteht aus einer geschlossenen Anzahl von Gemeinden, und außer diesen gibt es keinen Raum. […] So sind denn die Heimatslosen Wesen, denen die Erde unter den Füßen fortgezogen wird, die weder leben noch sterben können, und doch sind es Schweizer, ganz ohne Zweifel. Sie wissen, wo sie geboren sind, sie sind getauft und gute Christen, aber sie stehen nicht im Bürgerbuche, sie gehören nicht zur Gemeinde, das ist ihr Unglück und ihr Fluch.

In Zürich hat man jetzt das Niederlassungsrecht sehr erleichtert und auf diese Weise eine Milderung und endliche Auslöschung der alten Grausamkeit angebahnt. In anderen Kantonen, namentlich in den kleineren, ist die Zahl der Heimatslosen aber viel größer, weil es dort unmöglich ist, das Bürgerrecht zu erlangen, und man erzählt schreckliche Dinge von ihren Leiden und Verfolgungen.«

Theodor Mügge: Die Schweiz und ihre Zustände. Reiseerinnerungen. Bd. 1. Hannover: Kius, 1847. S. 270–273. [Modernisiert.]

Arbeitsaufträge:

1. Wer hat in einer Schweizer Gemeinde Heimatrecht? Warum ist es wichtig, Heimatrecht zu haben?
2. Welche Folgen hat es für eine Person, wenn sie kein Heimatrecht besitzt?
3. Wie beurteilt der Autor die rechtliche Situation der Heimatlosen?

2 Die Ausgangssituation der Novelle erschließen

Sachanalyse

Das Problem der Heimatlosen wird gleich im ersten Teil der Novelle angesprochen. Das lässt schnell erkennen, dass das Bild der ländlichen Idylle trügerisch ist. Die beiden pflügenden Bauern Manz und Marti gleichen einander nicht nur in ihrem Aussehen, sondern auch in ihren Ansichten: Beide sind sich ziemlich sicher, dass der schwarze Geiger der Enkel des ehemaligen Eigentümers des mittleren, verwahrlosten Ackers ist, auf den sie immer ihre Feldsteine geworfen haben. Doch nicht die Ähnlichkeit soll für etwaige Besitzansprüche entscheidend sein, sondern das Papier, mit dem er seine Herkunft beweisen kann. Mit diesem Vorwand verwehren sie dem schwarzen Geiger sein Erbe und die soziale Sicherheit, die sie selbst haben. Denn wenn sie ihm aus Habgier wegen des fehlenden Taufscheins das Erbe verwehren, nehmen sie ihm damit auch die Möglichkeit, in der Gemeinde Heimatrecht zu erwerben. Er muss also bei den Heimatlosen bleiben, zu denen die Eltern sozial abgestiegen sind.

Die Welt der Väter erscheint anfangs sicher und geordnet, doch der Eindruck von Ruhe und Anständigkeit ist nur äußere Fassade, das Unrecht der Väter führt das Ende der geordneten Verhältnisse herbei. Auch das Spiel der Kinder auf dem brachen, herrenlosen Acker ist nicht nur eine paradiesische Kinder-Idylle, wie man an ihrer Grausamkeit beim Spielen sehen kann. Die Episode hat vorausweisenden, symbolischen Charakter.

Am Anfang schildert ein auktorialer Er-Erzähler das Geschehen und beschränkt sich in seinem Erzählerbericht auf die Außenperspektive. Als die beiden Bauern nach der gleichförmigen Arbeit des Vormittags eine Pause einlegen, rückt der Er-Erzähler näher an das Geschehen heran. Vom zusammenfassenden Erzählerbericht wechselt er nun zur Erzählerrede, denn er beschreibt die Ankunft der beiden Kinder, ihr Aussehen und auch den Wagen, der nicht nur das Essen für die beiden fleißigen Bauern transportiert. Als sich die beiden Bauern dann über den brachliegenden Acker unterhalten, tritt der Erzähler zurück, wird mehr zum neutralen Beobachter, während die beiden Bauern in einer szenisch-dialogischen Darstellung ihre Ansichten austauschen. Beide hegen übereinstimmend ein tiefsitzendes Misstrauen gegen die Bewohner von Seldwyla. Sie sind überzeugt, dass der Abgesandte des Seldwyler Bezirksrats kein ehrliches Angebot macht, sondern sie übervorteilen will. Dass sie selbst dem schwarzen Geiger sein Erbe verweigern, wird dagegen gerechtfertigt, weil er mit dem Ertrag des Ackers sowieso nichts Rechtes anzufangen wüsste. Die Annahme, dass er sich eine bäuerliche Existenz aufbauen könnte, ist jenseits ihrer Vorstellungskraft. Dass sie sich dann noch ein Stück des wüsten Ackers abschneiden und für sich vereinnahmen, halten offenkundig beide Bauern für richtig, denn ohne es abgesprochen zu haben, handeln sie auf die gleiche Weise. Zu diesem Zeitpunkt sind sie als Bauern noch gut situiert, denn sie haben einen Knecht, dem sie Anweisungen geben können, sie tragen robuste, feste Kleidung und verfügen über stattliche Pferde. Dass sie uneingestanden ein Eigentumsdelikt begehen und trotz der Rechtfertigung kein reines Gewissen haben, deutet der Autor dadurch an, dass der erste Bauer den Einwand des Knechts, sie seien fertig, grob zurückweist und nach dem Abschneiden einer Furche die Steine erst einmal liegen lässt. Die Erzählerfigur ist dabei nahe an diesem Bauern, ohne seinen Namen zu nennen. Zugleich kann sie den anderen beobachten, der sich ebenfalls ein Stück des brachen Ackers aneignet. Damit wird noch einmal hervorgehoben, wie ähnlich und austauschbar Manz und Marti in ihrem Denken und Handeln sind.

Die hohe Erzählkunst Kellers wird schon in diesem Anfangsabschnitt in den vielen Andeutungen auf das kommende Unheil deutlich. Diese sind unauffällig und unscheinbar und können beim ersten oder flüchtigen Lesen leicht übersehen werden. Wenn man die Novelle aber im Ganzen kennt und näher untersucht, wird einem bewusst, wie überlegt und bis in Kleinigkeiten durchdacht Keller seine Geschichte gestaltet hat, ohne dass die Erzählung in irgendeiner Weise künstlich oder konstruiert wirkt.

Unterrichtsverlauf

Überblick. Nach der inhaltlichen Wiederholung des gelesenen Lektüreabschnitts erfolgt die Analyse des Eingangsteils in arbeitsteiliger Gruppenarbeit. Dabei werden das Aussehen, das Verhalten und die Ansichten der beiden Bauern sowie das Spiel der Kinder genau untersucht. Es soll herausgearbeitet werden, dass sich hinter der scheinbaren Idylle Eigennutz und Unrecht verbergen und dass schon der Eingangsteil Hinweise auf das kommende Unheil enthält. Außerdem erhalten die Schülerinnen und Schüler erste Einblicke in die Erzähltechnik Kellers. ! Verkürzter Verlauf: 2.1 – 2.2 – 2.4

Phase	Thema	Sozialform	Kompetenzen und Lernziele	Materialien
Voraussetzungen: Lektüre der Novelle S. 3–11				
2.1	Einstiegsphase: Inhaltliche Wiederholung und Strukturierung des gelesenen Abschnitts	UG	• Das Gelesene mit Hilfe von zwei Bildern wiederholen • Bildbeschreibung und -deutung üben • Das Hintergrundwissen zur Zeit der Novelle auf den Erzählanfang anwenden • Den Aufbau des Anfangsteils erarbeiten	VORLAGE 2a ➤ S. 14
2.2	Textanalyse: Die beiden Bauern, ihre Kinder und der herrenlose Acker	GA / UG	• Genaue Analyse eines Textes anhand vorgegebener Leitfragen • Die Ausgangslage und die inhaltlichen Zusammenhänge verstehen	VORLAGE 2b ➤ S. 15
2.3 fakultativ	Vertiefung: Die jeweilige Position der Erzählerfigur zum Geschehen	UG	• Übertragung des Gelesenen auf eine Stellvertretersituation im Klassenzimmer • Die Bedeutung der Erzählerfigur erkennen und die unterschiedliche Nähe zum Geschehen sichtbar machen	(Tisch, Papierstreifen, Spielfiguren)
2.4	Zusammenfassung und Sicherung des Lernstoffs	UG	• Erworbene Kenntnisse ins Unterrichtsgespräch einbringen • Handlungszusammenhänge verstehen und festhalten	TAFELBILD 2 ➤ S. 17
2.5 fakultativ	Produktionsorientierte Vertiefung	UG / LV	• Eine andere Perspektive auf das Geschehen einnehmen • Sich in eine Figur der Novelle hineinversetzen und die Handlung aus deren Sicht darstellen	
HA	1. Lektüre des zweiten Abschnitts der Novelle 2. Schreibauftrag (fakultativ)			*Romeo und Julia auf dem Dorfe*, Reclam XL, S. 11–30

2.1 Einstiegsphase: Inhaltliche Wiederholung und Strukturierung des gelesenen Abschnitts

Unterrichtsschritt. Die Schülerinnen und Schüler sehen auf der VORLAGE 2a ***Ausgangssituation: Der herrenlose Acker. Die beiden Bauern und ihre Kinder*** zwei Holzschnitte von Ernst Würtenberger (1868–1934). Die beiden Bilder dienen als optische Unterstützung für die Wiederholung des Gelesenen. Im Rahmen des Unterrichtsgesprächs wird das erworbene Wissen über die Heimatlosen und den damaligen wirtschaftlichen Umbruch abgerufen, von dem die Bilder wie auch die ganze Novelle nichts ahnen lassen. Man bekommt den Eindruck einer fast idyllischen agrarischen Welt, was aber nicht der Wirklichkeit entspricht. Parallel dazu wird der inhaltliche Aufbau des ersten Teils erarbeitet: Die erste Sinneinheit beschreibt die beiden Bauern bei der Arbeit (Reclam XL, S. 3 f.). Der zweite Teil beinhaltet die Ankunft der Kinder und das Gespräch beim Essen (S. 4–7). Im dritten Teil setzen die Bauern ihre Arbeit fort, doch das Spiel der Kinder auf dem mittleren Acker steht im Mittelpunkt (S. 7–10). Der vierte Sinnabschnitt schildert das Unrecht der Väter, die sich jeweils eine Furche des mittleren Ackers aneignen (S. 10 f.).

UG

VORLAGE 2a
➤ S. 14

VORLAGE 2a

Ausgangssituation: Der herrenlose Acker. Die beiden Bauern und ihre Kinder

Ernst Würtenberger, *Der steinige Acker* und *Die Kinder Sali und Vrenchen*, 1919.

Erläuterungen zu VORLAGE 2a. Das linke Bild zeigt den mittleren Acker, auf den Manz und Marti immer die Steine ihres Ackers geworfen haben. Grundlage für den Zeichner war offensichtlich der Satz von »dem wilden Acker«, der »mit seinen Unkräutern, Stauden und Steinhaufen eine ungewohnte und merkwürdige Wildnis darstellte« (*Romeo und Julia auf dem Dorfe*, Reclam XL, S. 7). – Auf dem rechten Bild sieht man, wie die beiden Bauern nach der Mahlzeit wieder ihre Felder pflügen. Eine der beiden Zipfelmützen zeigt gerade nach oben (vgl. S. 4). Während der Zeit spielen Sali und Vrenchen auf dem verwilderten Acker. Das Bild hält die Szene fest, als sie nach dem Zählen der Zähne eingeschlafen sind. Das »Fuhrwerklein« (ebd.) in der Nähe der Schlafenden wirkt leer.

2.2 Textanalyse: Die beiden Bauern, ihre Kinder und der herrenlose Acker

GA / UG

VORLAGE 2b
➤ S. 15

Unterrichtsschritt. Je nach zur Verfügung stehender Zeit wird die Gruppenarbeit mit Hilfe der VORLAGE 2b ***Arbeitsaufträge zum ersten Abschnitt*** (S. 3–11) unterschiedlich organisiert. Wenn eine Doppelstunde verfügbar und die Klasse entsprechend leistungsbereit ist, erhalten die Gruppen alle sechs Arbeitsfragen und teilen diese dann intern auf. Ist die Zeit begrenzt, bekommt jede der Gruppen nur eine oder zwei der Fragen zugeteilt.

Erläuterungen zu VORLAGE 2b.

1. Wie werden die beiden Bauern beschrieben? Dazu sollten folgende Textstellen genannt werden: S. 3 f.: »lange knochige Männer von ungefähr vierzig Jahren«, »verkündeten auf den ersten Blick den sichern, gutbesorgten Bauersmann«, »kurze Kniehosen von starkem Zwillich, an dem jede Falte ihre unveränderliche Lage hatte und wie in Stein gemeißelt aussah«, »die groben Hemdärmel«, »die wohlrasierten Gesichter«, »Langsam und mit einer gewissen natürlichen Zierlichkeit setzten sie einen Fuß um den andern vorwärts«, »dem Knechte, der die stattlichen Pferde antrieb, eine Anweisung gab«, »glichen sie einander vollkommen«, »sie stellten die ursprüngliche Art dieser Gegend dar«, »Zipfelkappe«. – Folgende Aspekte sollen genannt werden:

- Wichtig ist dem Autor offensichtlich die Übereinstimmung im Aussehen und Verhalten.
- Ihr Aussehen und ihre Kleidung erscheinen als typisch für Bauern.
- Die beiden strahlen Sicherheit und Ruhe aus.
- Sie leben in Wohlstand und geordneten bürgerlichen Verhältnissen.

2. Textstellen, in denen der Eindruck einer heilen und schönen bäuerlichen Welt erweckt wird:

- S. 3: »An dem schönen Flusse«, »weitgedehnte Erdwelle […] wohlbebaut, in der fruchtbaren Ebene«, »sanfte

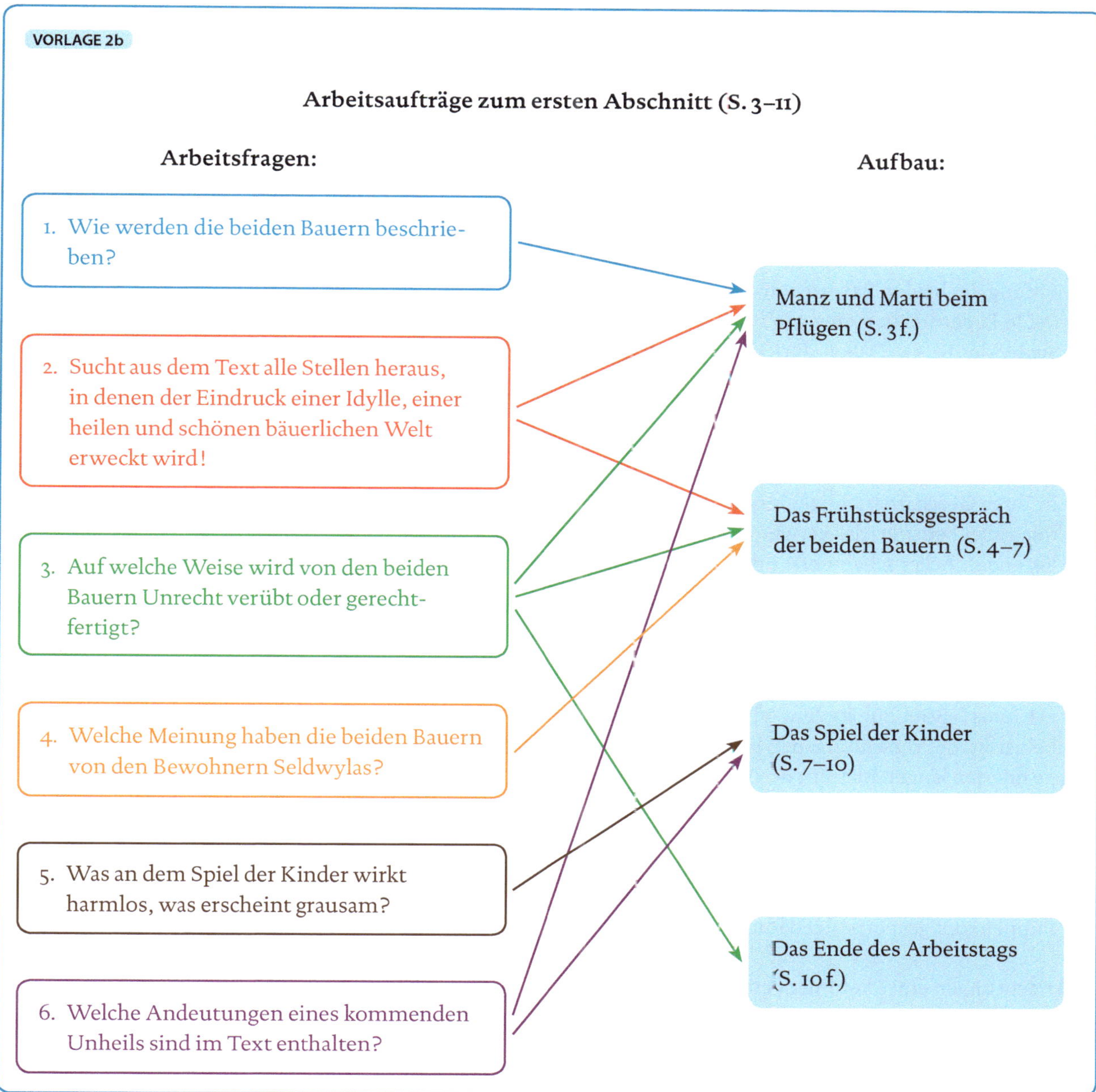

Anhöhe […] drei prächtige lange Äcker«, »An einem sonnigen Septembermorgen«, »Welt von geflügelten Tierchen summte ungestört«, »Stille des Landes«.

- S. 4: »pflügten beide ruhevoll, und es war schön anzusehen in der stillen goldenen Septembergegend«, »ein kleines artiges Fuhrwerklein sich näherte«, »gelinde Höhe«, »grün bemaltes Kinderwägelchen«, »ein schönes Brot, in eine Serviette gewickelt, eine Kanne Wein mit Gläsern und noch irgend ein Zutätchen in dem Wagen«, »zärtliche Bäuerin für den fleißigen Meister«.
- S. 5: »Schatten eines jungen Lindengebüsches«, »beide sehr hübsche Augen hatten und das Mädchen dazu noch eine bräunliche Gesichtsfarbe und ganz krause dunkle Haare, welche ihm ein feuriges und treuherziges Ansehen gaben«, »gute Nachbaren«, »mit Behagen ihr Frühstück einnahmen und mit zufriedenem Wohlwollen«, »räucherig glänzend in seinen Bergen liegen«, »weithin scheinendes Silbergewölk über ihre Dächer emporzutragen, welches lachend an ihren Bergen hinschwebte«.

3. Unrecht der beiden Bauern:

- Sie verschlechtern die Qualität des mittleren Ackers durch die Steine, die sie auf ihn werfen: »Wenn sie einen Stein in ihren Furchen fanden, so warfen sie denselben auf den wüsten Acker in der Mitte« (S. 4).
- Sie nehmen dem schwarzen Geiger die Möglichkeit zu einer bürgerlichen Existenz: »möchte ich darauf

schwören, dass er ein Enkel des Trompeters ist, der freilich nicht weiß, dass er noch einen Acker hat. Was täte er aber damit? Einen Monat lang sich besaufen« (S. 6); »Haben sich seine Eltern einmal unter die Heimatlosen begeben, so mag er auch dableiben« (S. 6); »wenn ich den Alten auch in dem dunklen Gesicht vollkommen zu erkennen glaube, so sage ich: irren ist menschlich, und das geringste Fetzchen Papier, ein Stücklein von einem Taufschein würde meinem Gewissen besser tun als zehn sündhafte Menschengesichter« (S. 7); »Wir sind schon übervölkert im Dorf« (S. 7).

- Am Ende des Arbeitstages schneiden sich beide eine Furche von dem mittleren Acker ab, obwohl er ihnen nicht gehört (vgl. S. 10 f.).

4. Meinung der beiden Bauern von den Bewohnern Seldwylas:
   - Beide Bauern haben eine ganz schlechte Meinung von der Stadt und ihren Bewohnern (»Lumpenhunde zu Seldwyl«, S. 5). Dabei dürfte auch Neid mitschwingen, denn sie wird im Zusammenhang mit dem »reichliche[n] Mittagsmahl« vorgebracht, »welches die Seldwyler alle Tage bereiteten« (S. 5).
   - Den Vorschlag, den brachen Acker zu pachten und dafür Geld zu bezahlen, lehnen sie rundherum ab, weil sie glauben, dass sich die Seldwyler an ihrer Arbeit bereichern wollen: »Die Lumpen möchten indessen gar zu gern etwas zu naschen bekommen durch den Pachtzins« (S. 6).
   - In ihrer Geschäftstüchtigkeit wollen sie keine Pacht bezahlen, sondern eher den Acker besitzen: »Ich habe mich aber bedankt, das verwilderte Wesen für einen andern herzustellen« (S. 6). Das Interesse an dem brachliegenden Acker scheint erst durch die Planungen der Seldwyler geweckt worden zu sein; erst nach Kenntnis der Pläne schneiden sie in stillschweigender Übereinkunft jeweils eine Furche von dem mittleren Acker ab.

   Ergebnis: Was sie den Seldwylern zuschreiben, trifft auf sie selbst zu.

5. Was an dem Spiel der Kinder wirkt harmlos, was erscheint grausam?
   - Harmlos: »Streifzug in dem wilden Acker« (S. 7); »einige Zeit hingewandert, Hand in Hand, und sich daran belustigt, die verschlungenen Hände über die hohen Distelstauden zu schwingen« (S. 7); »begann seine Puppe mit den langen Blättern des Wegekrautes zu bekleiden« (S. 7)
   - Grausam: Sali wirft die Puppe mit einem Stein vom Stengel (S. 7). Sali entreißt Vrenchen die Puppe, wirft sie in die Luft; unter seinen Händen nimmt die Puppe Schaden, das Loch im Bein wird von ihm noch vergrößert; der Erzähler spricht vom »Peiniger« und vom misshandelten Spielzeug sowie vom »Missetäter« und vom »Marterleib«; die Puppe wird von beiden Kindern kaputt gemacht (S. 8). Sali fängt eine Fliege; sie wird in den Puppenkopf gesperrt, der dann mit Gras vollgestopft und begraben wird (S. 9).

6. Andeutungen eines kommenden Unheils:
   - »wie zwei weiße Flammen gen Himmel züngelten« (S. 4)
   - »wie zwei untergehende Gestirne« (S. 4)
   - Grausamkeit der Kinder gegenüber der Puppe und der Fliege (S. 8 f.): Parallele zu den Vätern, die auch das Recht eines anderen aus Eigennutz missachten
   - »in dem wilden Acker« (S. 7) – »der wilde Junge« (S. 8)
   - »Zauberfrau« (S. 7), »weissagende[s] Haupt[]« / »Prophet erweckt Schrecken und Undank« (S. 9): Die Puppe bekommt mit ihrer Kleidung und der Fliege im Kopf etwas Magisches und soll wie die meisten der biblischen Propheten Unheil ankündigen.

   Ergebnis: Am deutlichsten weist der Vergleich mit den untergehenden Gestirnen auf das Unglück der beiden Bauern voraus. Erst in diesem Zusammenhang bekommen die anderen Zitate einen bedrohlichen Beigeschmack.

2.3 Vertiefung: Die jeweilige Position der Erzählerfigur zum Geschehen (fakultativ)

UG

(Tisch, Papierstreifen, Figuren)

Unterrichtsschritt. Um die unterschiedliche Nähe des auktorialen Erzählers zur Handlung zu erarbeiten, muss der Begriff der Erzählerfigur verdeutlicht werden, die das Geschehen aus einer Beobachtersituation wiedergibt. Die Erzählerfigur kann man sich als eine Person vorstellen, die im Regelfall nicht in das Geschehen eingreift, aber als Beobachter immer anwesend ist, ohne von den handelnden Figuren wahrgenommen zu werden. Der Erzähler spricht aus einer zeitlichen Distanz, was es ihm leichtmacht, das Geschehen zu kommentieren oder erklärende und vorausdeutende Hinweise einzufügen. Der auktoriale Erzähler kennt auch die Gedanken der handelnden Personen.

Dann wird ein Tisch im Klassenzimmer in eine exponierte Lage gebracht, um den Ort zu symbolisieren, wo das Anfangsgeschehen stattfindet. Durch Papierstreifen können die drei nebeneinander liegenden Felder angedeutet werden. Mitgebrachte Figuren stehen für Manz und Marti und ihre beiden Kinder. Die Positionierungen folgen der in 2.1 erarbeiteten Gliederung des ersten Abschnitts: (1) Zuerst wird jeweils eine Figur in die beiden Felder am Rand gesetzt. (2) Dann werden zwei kleine Figuren für die beiden herankommenden Kinder an den Tischrand gestellt. (3) Anschließend werden alle vier Figuren dicht zusammengebracht, um die gemeinsame Mahlzeit darzustellen. (4) Danach kommen die beiden Kinderfiguren ins mittlere Feld, während die beiden Bauernfiguren wieder in die länglichen Randfelder platziert werden. Dabei nennt die Lehrkraft der Reihe nach die Situationen des Geschehens und bittet jeweils eine Schülerin oder einen Schüler die fünfte Figur, die Erzählerfigur, da zu positionieren, wo sie in etwa gewesen sein müsste.

Alternativ könnte man auch fragen, wo eine Kamera hingestellt werden müsste, um das Geschehen entsprechend einfangen zu können. Am besten wäre in diesem Fall ein Kameramann als Spielfigur.

Erläuterungen. (1) Zunächst muss der Erzähler so weit vom Tisch entfernt sein, dass er die ganze Landschaft in den Blick nehmen kann. Bei der Beschreibung der beiden Bauern nähert er sich den Feldern. (2) Das Herannahen der Kinder wird zuerst aus der Ferne beobachtet, dann rückt die Erzählerfigur wieder nahe heran, als der Wagen und sein Inhalt genau beschrieben werden. Bei der Mahlzeit ist der Erzähler so nahe am Geschehen, dass er den Dialog mitverfolgen kann. (3) Danach folgt der Erzähler dem »Streifzug« (S. 7) der beiden Kinder und bleibt in ihrer Nähe, als sie mit der Puppe spielen und sie schließlich kaputt machen. Er geht mit ihnen mit, als sie sich von dem Grab des Puppenkopfes entfernen und beobachtet aus unmittelbarer Nähe, wie sie die Zähne zählen und schließlich einschlafen. (4) Im vierten Erzählabschnitt bleibt der Erzähler in der Nähe eines der beiden Bauern, denn er kann den Dialog zwischen dem Bauern und seinem Knecht hören. Vom anderen ist er weiter entfernt, kann aber beobachten, dass er sich ebenfalls eine Furche des mittleren Ackers aneignet. Die letzten Sätze des ersten Teils sind ganz typisch für einen auktorialen Erzähler, der in das Innere der Figuren hineinschauen kann, der ihr Handeln wertet und schon vage Andeutungen zur Zukunft macht.

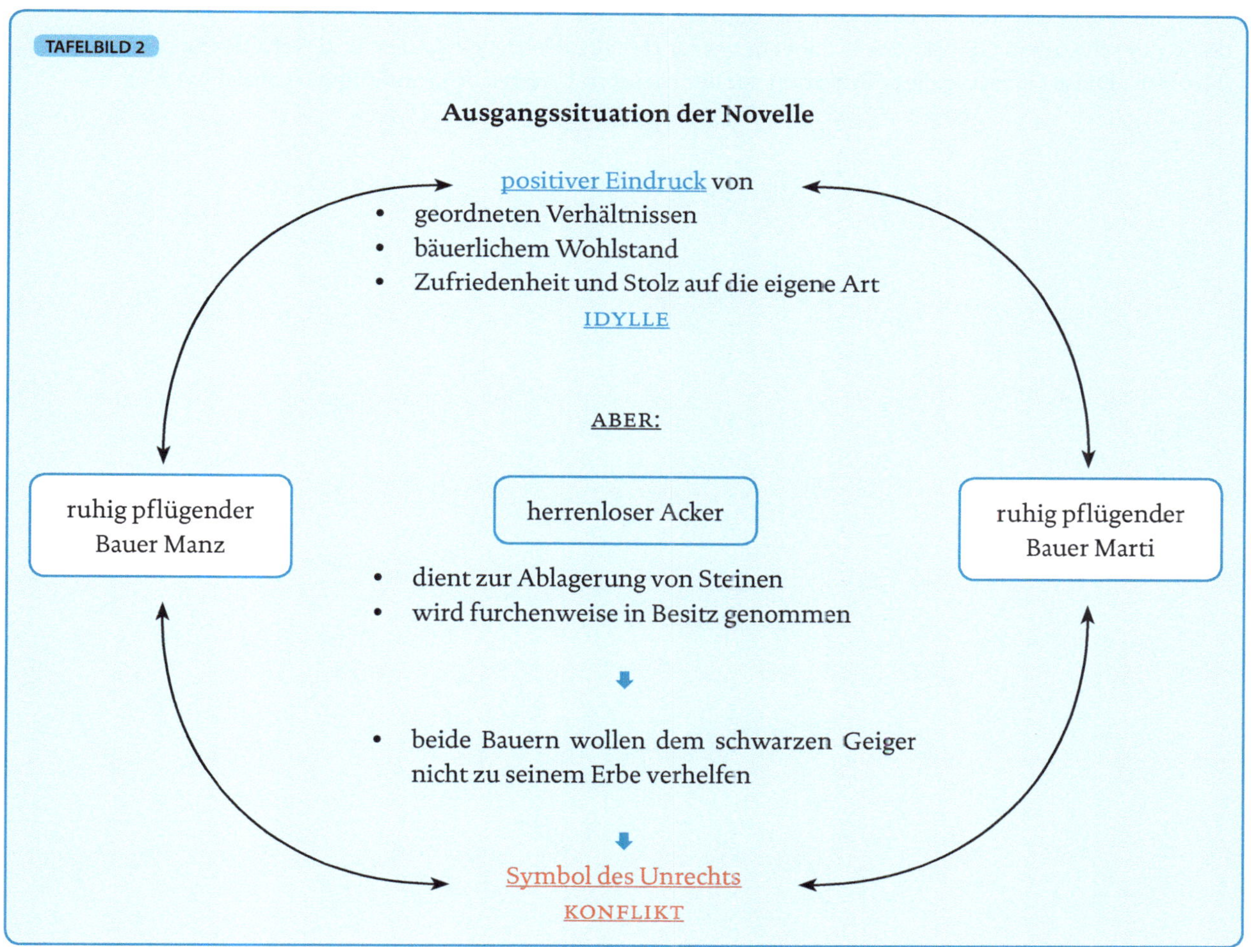

2.4 Zusammenfassung und Sicherung des Lernstoffs

UG

Unterrichtsschritt. Im Unterrichtsgespräch wird der Stoff der Stunde noch einmal zusammengefasst. Die Ergebnisse werden an der Tafel gesichert und mitgeschrieben (TAFELBILD 2).

TAFELBILD 2
➤ S. 17

2.5 Produktionsorientierte Vertiefung (fakultativ)

UG / LV

Unterrichtsschritt. Die Schülerinnen und Schüler sollen sich vorstellen, dass der schwarze Geiger von einer versteckten Stelle aus die ganze Szene beobachtet, und sich überlegen, was er dabei empfinden könnte. Dies mündet in einen Schreibauftrag, der (ebenfalls fakultativ) als schriftliche Hausaufgabe gegeben wird.

Erläuterung. Die Lehrkraft erklärt die Situation, indem sie auf lebendige Weise erzählt, wie der schwarze Geiger, ohne gesehen werden zu können, das Geschehen beobachtet und dabei so nahe dran ist, dass er alles mitbekommt. Dabei werden die einzelnen Situationen noch einmal ins Gedächtnis gerufen, und es wird jeweils die Frage aufgeworfen, welche Gefühle und Gedanken den schwarzen Geiger bewegen könnten. Dabei darf nicht der Eindruck erweckt werden, dass es jeweils nur eine richtige Antwort gibt. Die Schülerinnen und Schüler werden auch nicht dazu aufgefordert, sich Notizen zu machen, damit ihre Kreativität nicht zu sehr eingeengt wird.

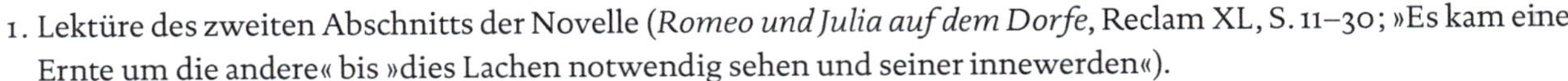

Hausaufgabe

1. Lektüre des zweiten Abschnitts der Novelle (*Romeo und Julia auf dem Dorfe*, Reclam XL, S. 11–30; »Es kam eine Ernte um die andere« bis »dies Lachen notwendig sehen und seiner innewerden«).
2. Schreibauftrag (fakultativ): Erzähle den Anfangsteil von *Romeo und Julia auf dem Dorfe* noch einmal aus der Sicht des schwarzen Geigers. Stelle dabei besonders heraus, welche Gedanken und Gefühle ihn beschäftigen. – Hinweis: Diese Hausaufgabe sollte schon vor der nächsten Unterrichtsstunde eingesammelt werden.

3 Den Streit und den Ruin der Väter verstehen

Sachanalyse

Der nächste Abschnitt der Novelle (Reclam XL, S. 11–30) spielt etwa drei Jahre später und umfasst einen Zeitraum von circa zwölf Jahren. Manz und Marti zerstreiten sich wegen des Ackerstücks zwischen ihren Feldern und ruinieren sich dann gegenseitig durch Prozesse, weil keiner von beiden in der Öffentlichkeit als der Dumme dastehen will. Sie verfallen äußerlich – erkennbar an Verarmung, Verschuldung, Abnahme der Arbeitsmoral, Zunahme von Spiel- und Streitsucht, Isolierung von der Dorfgemeinschaft –, ruinieren aber auch ihre Persönlichkeit, sie werden engstirnig, trübsinnig, fanatisch, gewaltbereit und unbeherrscht. Der Streit fügt auch den jeweiligen Familienmitgliedern Schaden zu. Was die Väter dem schwarzen Geiger angetan haben, indem sie ihm den Eintritt in die bürgerlich-bäuerliche Gesellschaft verwehrt haben, trifft sie selber als Strafe für ihr Unrecht: Der Streit der beiden Väter hält so lange an, bis sich die früher angesehenen Bauern völlig ruiniert haben. Sie werden schließlich aus dieser Gesellschaft ausgeschlossen.

Das Geschehen wird von dem auktorialen Er-Erzähler in Form eines Erzählerberichts dargestellt und beschränkt sich auf das äußere Geschehen. Wenn sie einander begegnen, wählt der Autor die szenisch-dialogische Darstellung. Dass der Streit um das mit Steinen beladene Stück Land zum Ruin der beiden wird, wird vom Autor schon in Form einer Vorausdeutung angesprochen (»von diesem Tage an lagen die zwei Bauern im Prozess miteinander und ruhten nicht, ehe sie beide zugrunde gerichtet waren«, S. 15). Es kommt ihm hier also nicht auf Spannung an, sondern die Analyse des Verhaltens der beiden steht im Vordergrund. Da sich an den Motiven für ihr Verhalten nichts ändert, werden zehn Jahre Streit durch eine Zeitraffung überbrückt, zehn Jahre, in denen die beiden Kinder groß werden, ohne miteinander irgendetwas zu tun zu haben. In der Erzählung nimmt dieser Konflikt etwas über ein Drittel der Erzählzeit und zwölf Jahre der erzählten Zeit in Anspruch.

Die beiden Bauern sind einander zu ähnlich, um zurückstecken zu können. Sie gleichen sich in ihrer Besitzgier, ihrer Rechtsauffassung und in ihrer Halsstarrigkeit. Während sich ihre gleichen Motive und Überzeugungen früher gegen den schwarzen Geiger gerichtet haben, sind sie nun gegeneinander gerichtet. Da Manz und Marti typische Vertreter der bäuerlichen Gesellschaft sind, trifft die Kritik an ihnen auch die ganze Gesellschaft. Der Steinhaufen sollte in seiner symbolischen Bedeutung für ihre Schuld nicht übersehen werden.

Manz verarmt als erster und muss in die früher verachtete Stadt ziehen (vgl. S. 21), um dort als schäbiger Wirt eine verrottete Spelunke zu betreiben und schließlich als Hehler zu enden. Die Beschreibung von Martis vernachlässigter Hofstelle (vgl. S. 27) zeigt, dass es auch ihm nicht besser geht. Als nichts mehr zum Essen da ist, beginnt Manz, wie die anderen zahlungsunfähigen Bankrotteure Seldwylas, zu fischen, hält aber noch auf Abstand. Bei einem solchen Fischzug begegnet er dem verhassten Marti. Beide Väter sind in Begleitung ihrer herangewachsenen Kinder und beginnen einen kläglichen und erbärmlichen Zweikampf (vgl. S. 27 ff.), der als Ausdruck ihrer Erbitterung und ihres seelischen Elends gedeutet werden kann. Das drohende Unwetter (»da der Himmel voller Gewitterwolken hing«, S. 27), das beginnende Gewitter (»Es fing an zu blitzen […]«, S. 28) und der »Wolkenriss« (S. 29) im Moment, als Sali und Vrenchen sich wahrnehmen, spiegeln das menschliche Geschehen in der Natur. Sali und Vrenchen unterbrechen den Kampf in gemeinsamer Anstrengung. Die Wiederbegegnung nach langer Trennung löst in beiden Kindern Zuneigung zueinander aus. Der Erzähler weiß dabei mehr über Salis Gefühle zu berichten, da er eher dessen Blickwinkel einnimmt als den Vrenchens (vgl. S. 29 f.).

Der Kampf der Väter, zugleich ihr letztes Zusammentreffen, findet knapp zwölf Jahre nach dem Tag statt, an dem die Geschichte beginnt. Der Endpunkt ihrer Auseinandersetzung ist für die Kinder ein neuer Anfang. Während sich die Väter mit Fäusten schlagen, geben ihre Kinder sich die Hände (vgl. S. 30). Man kann von einem Höhe- und Wendepunkt oder von einer Gelenkstelle in der Novelle sprechen.

Unterrichtsverlauf

Überblick. Mit der inhaltlichen Wiederholung des gelesenen Lektüreabschnitts wird auch der Aufbau dieses großen Abschnitts erarbeitet. Diese Handlungsteile sind dann die Grundlage für eine Gruppenarbeit. Dabei geht es diesmal nicht nur um Textauswertung. Der zugeteilte Textabschnitt soll auch interpretiert werden, d.h., er soll gezielt nach Erklärungsansätzen untersucht werden, die verstehbar machen, warum sich die beiden bisher angesehenen Bauern so erbittert streiten und ruinieren und letztlich zum Gespött ihrer Mitmenschen werden. ! Verkürzter Verlauf: 3.2 – 3.3

Phase	Thema	Sozialform	Kompetenzen und Lernziele	Materialien
Voraussetzungen: Lektüre der Novelle S. 11–30				
3.1 fakultativ	Einstiegsphase: Die Ausgangssituation aus der Sicht des schwarzen Geigers	UG	• Die Qualität von Schüleraufsätzen beurteilen lernen • Darauf achten, ob die vorgegebenen Kriterien eingehalten wurden	Schüleraufsätze
3.2	Einstieg in das eigentliche Stundenthema: Inhaltliche Wiederholung und Strukturierung des als Hausaufgabe Gelesenen	UG	• Das Gelesene mit Hilfe von drei Bildern noch einmal wiederholen • Bildbeschreibung und -deutung üben • Den inhaltlichen Aufbau erarbeiten • Erworbene Kenntnisse ins Unterrichtsgespräch einbringen	VORLAGE 3a ➤ S. 21 TAFELBILD 3 ➤ S. 22
3.3	Vertiefung: Der Streit der Väter	GA / UG	• Handlungsmotive der Väter im Text erkennen und verstehen • Handlungsweise der Väter auf der Textgrundlage erklären können	VORLAGE 3b ➤ S. 22
3.4 fakultativ	Produktionsorientierte Vertiefung	PA / GA	• Eine andere Perspektive auf das Geschehen einnehmen • Sich in eine Figur der Novelle hineinversetzen und die Handlung aus deren Sicht darstellen • Vorgegebene Gattung in einem eigenen Text umsetzen • Ideen anderer nachvollziehen und beurteilen	VORLAGE 3c ➤ S. 23
HA	1. Schreibauftrag 2. Lektüre des dritten Abschnitts der Novelle			*Romeo und Julia auf dem Dorfe*, Reclam XL, S. 30–52

3.1 Einstiegsphase: Die Ausgangssituation aus der Sicht des schwarzen Geigers (fakultativ)

UG

Schüleraufsätze

Unterrichtsschritt. Die Lehrkraft liest einige der Schüleraufsätze vor und wählt dabei Beispiele unterschiedlicher Qualität. Nach dem Vorlesen soll vor allem erörtert und beurteilt werden, inwieweit es gelungen ist, die Perspektive des schwarzen Geigers einzunehmen.

3.2 Einstieg in das eigentliche Stundenthema: Inhaltliche Wiederholung und Strukturierung des als Hausaufgabe Gelesenen

UG

VORLAGE 3a ➤ S. 21

TAFELBILD 3 ➤ S. 22

Unterrichtsschritt. Die Schülerinnen und Schüler sehen auf der VORLAGE 3a ***Der Streit und der Ruin der Väter*** wieder Holzschnitte von Ernst Würtenberger (1868–1934). Die drei Bilder dienen als optische Unterstützung für die Wiederholung des Gelesenen im Unterrichtsgespräch. Parallel dazu wird wieder im Unterrichtsgespräch der Aufbau des zweiten Teils erarbeitet. Die Ergebnisse werden an der Tafel gesichert und mitgeschrieben (TAFELBILD 3). Die einzelnen Handlungsteile werden später jeweils einer Gruppe zugeteilt.

VORLAGE 3a

Der Streit und der Ruin der Väter

Ernst Würtenberger, *Der Streit ums Land zwischen Manz und Marti*, *Die leere Wirtschaft* und *Manz' und Martis Handgemenge*, 1919

Erläuterungen zu VORLAGE 3a. Das erste Bild zeigt Manz und Marti im Streit. Die vielen Steine weisen darauf hin, dass es um das umstrittene Feld geht. Der Gesichtsausdruck und die Hände in den Hosentaschen wirken abweisend. Einer der Bauern hat dem andern schon den Rücken zugewendet und geht davon (vgl. S. 13). Die beiden Bauern beharren auf ihrem Standpunkt und können sich nicht verständigen. Es gibt keine gemeinsame Gesprächsbasis mehr.

Auf dem zweiten Bild sieht man Manz und seine Frau in ihrer leeren Gaststube in Seldwyla, wo sie wegen der hohen Fenster »kaum die Sonne sahen« (S. 24). Der Raum ist nur karg eingerichtet. Nur auf einem der Tische steht Geschirr, ein Teller und ein Becher. Der ehemalige Bauer wirkt verzweifelt, seine Frau, die auf einer Holzbank im Hintergrund sitzt, scheint zu schimpfen.

Das dritte Bild stellt dar, wie Manz und Marti auf einer Holzbrücke über dem Bach aufeinander losgehen (vgl. S. 29). Manz hat Martis Hals umfasst und will ihn übers Geländer ins Wasser stürzen. Er scheint Marti körperlich überlegen zu sein. Die beiden Kinder versuchen, die Streithähne auseinander zu bringen. Wie im Buch verstärken auch auf dem Bild die grauschwarzen Wolken und das Gewitter die feindselige Atmosphäre. Der Sturm ist so stark, dass sich die Bäume im Wind biegen.

TAFELBILD 3

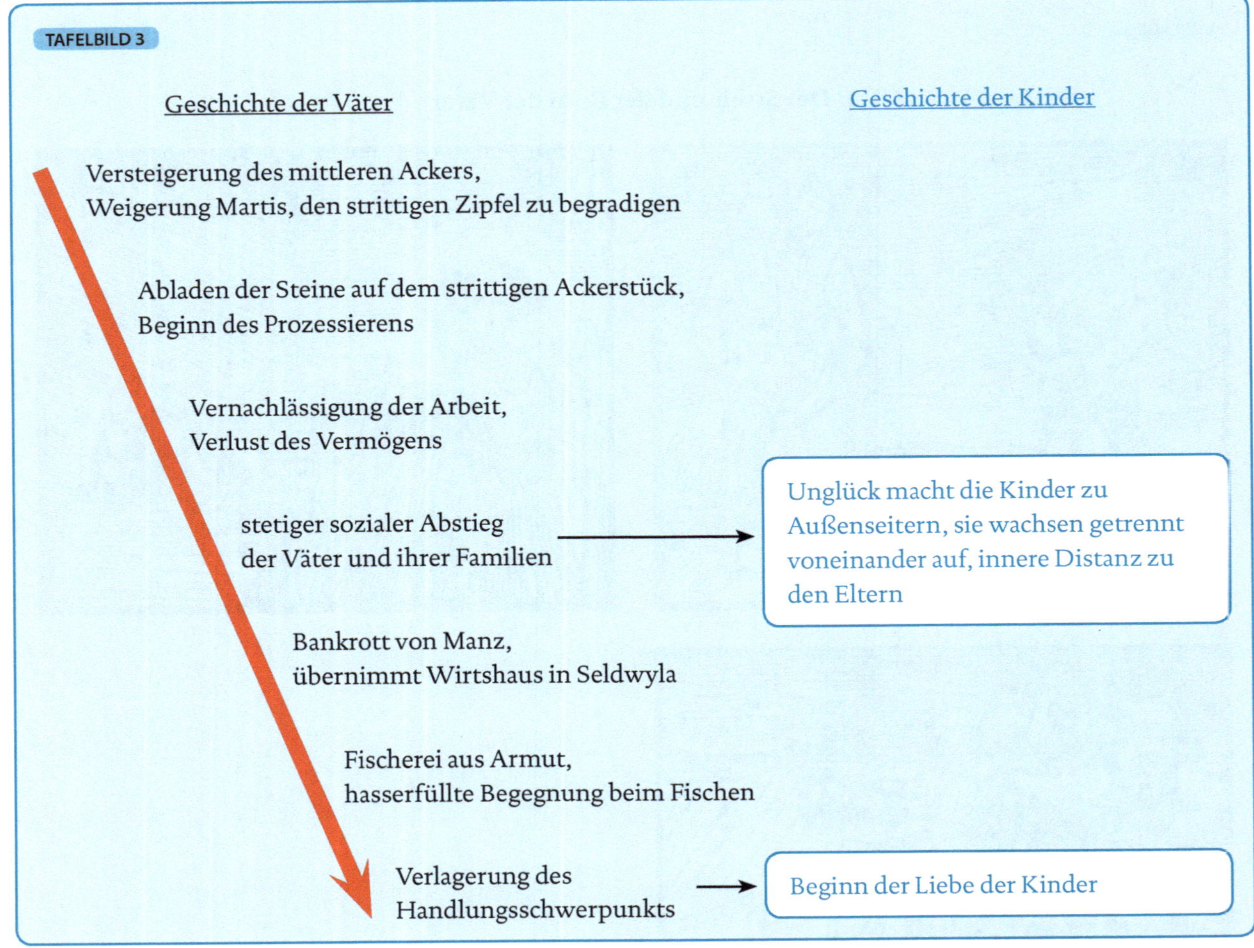

3.3 Vertiefung: Der Streit der Väter

GA / UG

VORLAGE 3b
➤ S. 22

Unterrichtsschritt. In einer arbeitsteiligen Gruppenarbeit sollen die Ursachen herausgearbeitet werden, warum der Streit so erbittert ausgetragen wird, bis sich beide Bauern völlig ruiniert haben. Bei der Aufgabenstellung muss den Schülerinnen und Schülern deutlich gemacht werden, dass sie nicht nur passende Textstellen finden, sondern auch auf der Grundlage dieser Textstellen das Verhalten motivieren und erklären sollen. Es geht also nicht nur um Analyse, sondern auch um Interpretation. Dazu wird die Klasse in sechs Gruppen aufgeteilt. Jeder dieser Gruppen wird ein Handlungsteil zugeordnet (VORLAGE 3b ***Den Streit der Väter erklären***). Die Ergebnisse werden dann im Unterrichtsgespräch vorgestellt und diskutiert.

VORLAGE 3b

Den Streit der Väter erklären

- Versteigerung des Ackers und Streitgespräch (S. 11–13)
- Steinhaufen auf dem strittigen Ackerstück (S. 13–15)
- Finanzieller und sozialer Niedergang der Familien (S. 15–18)
- Das Leben der unglücklichen Kinder (S. 18–21)
- Nach dem Bankrott Wirt in Seldwyla (S. 21–26)
- Begegnung beim Fischen (S. 27–30)

Arbeitsauftrag:
Welche Hinweise enthält der Textabschnitt, um die unnachgiebige Haltung der beiden Bauern zu erklären?

Erläuterungen. Folgende Aspekte sollten genannt werden (manche dieser Motive kommen in verschiedenen Handlungsteilen vor):

- Angst, sich zum Gespött der anderen zu machen (S. 13, 16)
- Starrsinn und Rechthaberei als Wesenseigenschaft (S. 17, 18, 19)
- Das eigene Unrecht soll nicht bekannt werden (S. 14, 15)
- Die ganze Schuld wird allein bei dem anderen gesehen (S. 17, 22, 27)
- Da der andere und seine Familie bewusst gemieden werden, gibt es keinerlei Anknüpfungspunkt für ein klärendes Gespräch (S. 17, 20)
- Da sie »eine faule Sache hatten« (S. 16), ziehen sie dubiose Berater an, die sie noch in ihrer Verbohrtheit bestärken und sie ausnutzen (S. 16, 17)
- Keinerlei Verständnis für die Rechtsperspektive des anderen (S. 15)
- Gefühl, in der eigenen Ehre gekränkt zu sein (S. 16)
- Vermutung Martis, dass es Manz als Wirt besser geht als ihm (S. 28)

Zusammenfassend kann man feststellen, dass sich die beiden Bauern in ihrem Selbstverständnis als ehrenwerte Männer nicht anerkannt sehen und deswegen unerbittlich auf ihrem vermeintlichen Recht beharren. Allerdings werden sie als Prozesshansel gerade dadurch zu lächerlichen Figuren, die von den anderen bespöttelt und verachtet werden. Der Streit wird zum einzigen Lebensinhalt, es gibt für sie nur noch Sieg oder Niederlage, die Arbeit auf den Feldern wird vernachlässigt. Sie verfallen in eine seelische Erstarrung, die sie so in Stein gemeißelt erscheinen lässt, wie anfangs ihre Kleidung beim Bestellen des Feldes wirkte. Der Streit erscheint gerade deswegen so lächerlich, weil es nur um einen kleinen Landzipfel, ein ›krummes‹ Ding im doppelten Sinn, geht.

3.4 Produktionsorientierte Vertiefung (fakultativ)

Unterrichtsschritt. Die Schülerinnen und Schüler sollen in Partnerarbeit einen Schreibauftrag vorbereiten und sich Notizen zum geplanten Inhalt und zur sprachlichen Gestaltung machen. Das Thema wird entweder von der Lehrkraft zugeteilt oder frei gewählt (VORLAGE 3c ***Schreibaufträge***). Es sollten aber alle sechs Themen vergeben werden. Jeweils drei bis vier Partnergruppen setzen sich nach der Phase der Partnerarbeit zu einer Schreibkonferenz zusammen. Dabei wird der Notizzettel in einem festgelegten Zeitrhythmus immer zur nächsten Gruppe weitergegeben, die ihn mit Anmerkungen und Verbesserungsvorschlägen versieht, bis jede Gruppe wieder ihren eigenen Notizzettel in Händen hat. Die eigenen Notizen und die Verbesserungsvorschläge dienen der Vorbereitung der Hausaufgabe.

PA / GA

VORLAGE 3c

➤ S. 23

VORLAGE 3c

Schreibaufträge

- Offizieller Beschwerdebrief von Marti an den Gemeindeammann
- Brief eines Knechtes an einen weiter entfernten Bauern, in dem er erklärt, warum er es bei Manz nicht mehr aushält
- Brief eines Anwalts an Marti, in dem er ihm seine Dienste bei dem nächsten Prozess gegen Manz anpreist
- Bericht des »Seldwyler Morgenblatts« über den Umzug von Manz in die Stadt
- Tagebucheintrag von Frau Manz, nachdem sie wieder ihre alte Kleidung angelegt hat
- Augenzeugenbericht eines Anglers, der den Streit auf der Brücke beobachtet hat, für die örtliche Zeitung

Hausaufgabe

1. Auf der Grundlage der eigenen Notizen und der Verbesserungsvorschläge den vorbereiteten Schreibauftrag ausarbeiten. (Der Aufsatz soll wieder vor der nächsten Unterrichtsstunde zur Lektüre eingesammelt werden.)
2. Lektüre des dritten Abschnitts der Novelle (*Romeo und Julia auf dem Dorfe*, Reclam XL, S. 30–52, Z. 13; »Sein Vater war des andern Tags« bis »das täte dem armen Bübchen gut! natürlich!«).

4 Die Aussichtslosigkeit der Liebesbeziehung erkennen

Sachanalyse

Die Darstellung der Liebe zwischen Sali und Vrenchen bewegt sich im stetigen Spannungsfeld zwischen glücklicher Verliebtheit und vollkommener Hoffnungslosigkeit. Der Wunsch, Vrenchen wiederzusehen, bekommt fast eine religiöse Dimension, wenn sie mit der Anziehungskraft des himmlischen Jerusalem verglichen wird (vgl. S. 32). Salis Weg zu Vrenchen gibt dem Dichter die Gelegenheit zur Beschreibung des sozialen Niedergangs von Martis Familie, die vor allem an dem verfallenen Bauernhof sichtbar wird (vgl. S. 33 f.). Marti, dem Sali auf seinem Weg begegnet, wirkt genauso verwildert und ungepflegt wie sein Anwesen. Von dem einstigen Besitz ist Marti noch das Haus mit etwas Garten geblieben. Alle Äcker sind verloren, nur der Acker, um den er sich mit Manz bis aufs Blut gestritten hat, ist noch nicht in den Besitz anderer übergegangen. Es gibt keine Tiere mehr auf dem Bauernhof, nichts wird mehr ordentlich bewirtschaftet, alles wirkt völlig heruntergekommen, weil es auch kein Geld mehr für Neuanschaffungen gibt, denn der Prozess hat alle Vermögenswerte aufgezehrt. Während Marti alles schleifen lässt, versucht Vrenchen, soweit es möglich ist, noch eine ordentliche Wirtschaft aufrecht zu erhalten. Mit dieser anschaulichen Beschreibung ihrer trostlosen Situation macht der Autor noch einmal überdeutlich, dass weder Sali noch Vrenchen eine materielle Basis für eine bürgerliche Ehe haben.

Sali beobachtet verwundert die ganze Verkommenheit des Hofs, den er schon lange nicht mehr gesehen hat, aber er ist verliebt, und Vrenchens Anmut überstrahlt das ganze Elend. Vrenchen schämt sich aber der Armut und hat außerdem Angst, dass der Vater von Salis Besuch etwas erfahren könnte. Aber ihr geht es nicht anders als Sali: Auch sie ist verliebt. Keine Viertelstunde später ist sie am vereinbarten Treffpunkt, obwohl sie zuerst gesagt hatte, dass sie erst am Abend zum Holen von Gemüse auf den umstrittenen Acker kommen würde (vgl. S. 35 f.). Wie sie gemeinsam still und glückselig auf dem Acker hin- und herlaufen, erinnert an das ruhige Pflügen der Väter in der Eingangsszene, doch ihnen ist kein unbeschwertes Glück beschieden. Die Schuld der Väter liegt wie eine schwere Last auf ihrem Leben. Man könnte die unheimliche Begegnung mit dem schwarzen Geiger (vgl. S. 36–38) so interpretieren, dass damit noch einmal die ganze Dimension der Schuld der Väter ins Bewusstsein gerückt wird. Die Väter haben durch ihre Besitzgier und ihre Unnachgiebigkeit das Leben des Geigers zerstört. Auf Sali und Vrenchen wirkt er wie eine angsteinflößende Teufelsfigur, aus deren Bann sie sich nicht lösen können. Mit dem Lachen über seine markante Nase wollen sie sich nach seinem Verschwinden aus der unheimlichen Bedrückung lösen, die sein Auftreten bei ihnen ausgelöst hat. Das ändert aber nichts an ihrer hoffnungslosen Situation. Obwohl beide immer unter dem Verhalten ihrer Eltern gelitten haben und aus den elterlichen Verhältnissen herauswollen, lastet eine schwere Hypothek auf ihnen, die ihnen ein normales, geordnetes bürgerliches Leben unmöglich macht. Sie bauen sich auf dem Feld »einen engen Kerker« (S. 40), der wie ein Schutzraum wirkt, zugleich aber ein Symbol für ihr Gefangensein in der Schuldgeschichte der Väter ist: Sie können sich nicht abschotten und dem drohenden Verhängnis nicht entkommen. Kaum haben sie ihr Versteck verlassen, begegnen sie Marti, der schon nach ihnen sucht. Sein unbeherrschter Zorn will sich in Gewaltanwendung entladen, erst bei Sali und dann bei seiner Tochter. Es kommt zu dem verhängnisvollen Steinschlag, der die Vätergeschichte beendet. Dabei handelt Sali halb aus Angst um sein Mädchen, das der Vater misshandeln will, und halb aus aufwallendem Jähzorn (vgl. S. 42 f.).

Danach gibt es keine Möglichkeit mehr für eine glückliche Verbindung der beiden, weil sich Sali an Vrenchens Vater schuldig gemacht hat, was auch von Vrenchen zweimal ausgesprochen wird (»Es wird nie gut kommen«, S. 35; »Es ist aus, es ist ewig aus, wir können nicht zusammenkommen!«, S. 43). Es besteht ein offensichtlicher inhaltlicher Zusammenhang mit der Kindheit der beiden. Wo Sali vor zwölf Jahren Vrenchens Puppe misshandelt und mit einem Stein heruntergeworfen hat, geschieht nun Gleiches mit dem Vater. Damals haben sie eine Fliege lebendig begraben, nun wird der Vater sozusagen lebendig begraben, denn er wird in eine geschlossene Anstalt eingeliefert, weil er durch den Steinschlag seinen Verstand verloren hat (vgl. S. 45 f.). Vrenchen steht nun vor dem Nichts, denn sie muss das elterliche Haus verlassen, aber sie möchte noch einen glücklichen Tag mit Sali verleben, bevor sie die Heimat verlassen muss.

Unterrichtsverlauf

Überblick. Nach der inhaltlichen Wiederholung des gelesenen Lektüreabschnitts liegt der Schwerpunkt darauf, die Gründe herauszuarbeiten, warum aus Sali und Vrenchen trotz ihrer gegenseitigen Liebe kein Paar werden kann, das seinen ganzen Lebensweg gemeinsam geht. Auch das Lebensschicksal des schwarzen Geigers wird genauer betrachtet, denn es macht noch deutlicher, wie lebenszerstörerisch die unversöhnliche Habgier der beiden Väter ist. Abschließend soll geprüft worden, ob andere Handlungsalternativen denkbar sind oder ob ein schlimmes Ende unvermeidlich ist. ! **Verkürzter Verlauf: 4.2 – 4.4 – 4.5**

Phase	Thema	Sozialform	Kompetenzen und Lernziele	Materialien
Voraussetzungen: Lektüre der Novelle S. 30–52				
4.1 **fakultativ**	Einstiegsphase: Der Streit und der Ruin der Väter	UG	• Die Qualität von Schüleraufsätzen beurteilen lernen • Darauf achten, ob die vorgegebene Erzählperspektive und Textgattung eingehalten wurden	Schüleraufsätze
4.2	Einstieg in das eigentliche Stundenthema: Die Aussichtslosigkeit der Liebesbeziehung	UG	• Bildbeschreibung üben und ein Bild in einen Handlungszusammenhang einordnen können • Wesentliche Elemente der Handlung klar und geordnet wiedergeben können • Die Lebensgeschichte einer Person zusammengefasst darstellen	VORLAGE 4 ➤ S. 26
4.3 **fakultativ**	Szenische Vertiefung: Der schwarze Geiger bittet um sein Erbe	GA / UG	• Sich in die Gedankenwelt und Lebenssituation einer literarischen Figur hineinversetzen können • Eine Leerstelle in der Novelle füllen • Eine Variante der möglichen Situation in eine kurze Stegreifszene umsetzen und vorführen	
4.4	Gründe, warum Sali und Vrenchen keine gemeinsame Zukunft haben	GA / UG	• Die Lebenssituation von Sali und Vrenchen analysieren und verstehen • Die wesentlichen Gründe für die Aussichtslosigkeit ihrer Situation herausarbeiten	TAFELBILD 4 ➤ S. 27
4.5	Diskussion über einen möglichen alternativen Handlungsverlauf	UG	• Alternative Handlungsmöglichkeiten diskutieren und prüfen • Begründet argumentieren und eigene Ansichten gegen andere verteidigen • Sachlich diskutieren und emotionale Entgleisungen vermeiden	
HA	1. Lektüre des vierten Abschnitts der Novelle 2. Aufsatz			*Romeo und Julia auf dem Dorfe*, Reclam XL, S. 52–75

4.1 Einstiegsphase: Der Streit und der Ruin der Väter (fakultativ)

Unterrichtsschritt. Die Lehrkraft liest einige der Schüleraufsätze vor und wählt dabei Beispiele unterschiedlicher Qualität. Es sollten nach Möglichkeit alle der vorgegebenen Themen berücksichtigt werden. Nach dem Vorlesen soll jeweils geprüft und diskutiert werden, inwieweit es gelungen ist, die vorgegebene Perspektive einzunehmen und der Textgattung gerecht zu werden.

4.2 Einstieg in das eigentliche Stundenthema: Die Aussichtslosigkeit der Liebesbeziehung

UG

VORLAGE 4
➤ S. 26

Unterrichtsschritt. Die Schülerinnen und Schüler erkennen, dass auf dem Bild VORLAGE 4 ***Szene aus »Romeo und Julia auf dem Dorfe«*** die Begegnung von Sali und Vrenchen mit dem schwarzen Geiger dargestellt wird und ordnen sie in den Handlungszusammenhang ein. Anschließend (und gegebenenfalls als Überleitung zum nächsten fakultativen Unterrichtsschritt) soll die Lebensgeschichte des schwarzen Geigers aufgezeigt werden.

VORLAGE 4

Szene aus *Romeo und Julia auf dem Dorfe*

Aus dem Spielfilm *Romeo und Julia auf dem Dorfe*, Regie: Hans Trommer, Schweiz 1941

Arbeitsaufträge:

1. Was wird auf dem Bild dargestellt? Welche Personen sieht man?
2. Ordne die dargestellte Szene in den Handlungszusammenhang ein.
3. Erzähle die Lebensgeschichte des schwarzen Geigers.

Erläuterungen. Zur Begegnungsszene: Ihr geht voraus, dass Sali Vrenchen auf ihrem verfallenen Hof besucht. Sie verbringen dann auf dem Acker, wegen dem sich die Väter zerstritten und ruiniert haben, Zeit miteinander und genießen ihre Liebe. Dass sie sich an den Händen halten, ist ein Zeichen ihrer Liebe. Ihre Armut wird in diesem Filmbild nicht deutlich. Der kleine Steinhaufen, auf dem der schwarze Geiger steht, entspricht nicht der Beschreibung im Buch. Das Filmbild hält den Wechsel von der Zuwendung zueinander (Händehalten, Köpfe nah beieinander) zu der Scheu vor dem schwarzen Geiger (ihre Blickrichtung) fest. Die Begegnung mit dem schwarzen Geiger, der auf dem symbolträchtigen Steinhaufen seine Wut über die Väter zum Ausdruck bringt, wirkt auf die beiden ernüchternd. Tragischer Höhepunkt wird dann das Zusammentreffen mit Vrenchens wütendem Vater und Salis verhängnisvoller Schlag mit dem Stein, der ihm den Verstand nimmt.

Zum schwarzen Geiger: Sein Großvater war noch ein Bauer, wohingegen seine Eltern sich den Heimatlosen angeschlossen haben. Seine markante Nase weist ihn unzweifelhaft als den Enkel des früheren Grundbesitzers und dessen eigentlichen Erben aus. Als er von dem Grundstücksverkauf erfährt und davon hört, dass für den Erben des Ackers Geld bereitliegt, wendet er sich an Manz und Marti mit der Bitte seine Herkunft zu bezeugen. Das hätte ihm die Chance zur Auswanderung und auf ein neues Leben in der Fremde eröffnet. Doch trotz wiederholter Bitten weisen sie ihn ab und jagen ihn vom Hof. Da er keinen Taufschein und keinen Heimatschein besitzt, gab es für ihn keine andere Möglichkeit als deren Zeugnis. Da sie dazu nicht bereit sind, verfällt das Geld, und er muss bei den Heimatlosen bleiben (vgl. S. 38).

4.3 Szenische Vertiefung: Der schwarze Geiger bittet um sein Erbe (fakultativ)

Unterrichtsschritt mit Erläuterungen. Die Klasse wird in Gruppen eingeteilt, die sich überlegen sollen, wie die Versuche des schwarzen Geigers, an sein Erbe zu kommen, abgelaufen sein können. Man kann sich Begegnungen mit Manz und Marti, aber auch mit Vertretern der örtlichen Behörden vorstellen. Er kann verschiedene Strategien versucht haben, vom rationalen Argumentieren bis zum flehentlichen Bitten. Die abweisende Reaktion kann brüsk beleidigend und kurzangebunden gewesen sein, aber auch ein kühl distanzierter Hinweis auf die fehlende Rechtsgrundlage. Die Klasse soll ermutigt werden, ihre Fantasie spielen zu lassen und im Gespräch zu durchdenken, welche Ablaufmöglichkeiten vorstellbar sind. Von jeder Gruppe soll der Klasse eine dieser Möglichkeiten in einem kurzen Stegreifspiel vorgeführt werden. GA / UG

Mit dieser produktionsorientierten Vertiefung soll eine emotionale Ebene bei den Schülerinnen und Schülern angesprochen werden. Sie sollen nachempfinden, wie sich jemand fühlt, der im Recht ist, sein Recht aber nicht durchsetzen kann, weil es ihm aus willkürlichen und egoistischen Motiven verweigert wird. Es soll also nicht nur auf rationaler Ebene nachvollziehbar werden, wie zerstörerisch sich das habgierige Verhalten der beiden Väter auch auf den schwarzen Geiger ausgewirkt hat.

4.4 Gründe, warum Sali und Vrenchen keine gemeinsame Zukunft haben

Unterrichtsschritt. Im Fall, dass die Klasse Szenen erarbeitet hat, kann die Gruppeneinteilung beibehalten werden. Ansonsten werden jetzt Gruppen gebildet, die überlegen sollen, warum die Beziehung von Sali und Vrenchen keine Zukunft hat. Die Ergebnisse werden ins Unterrichtsgespräch eingebracht, in dem das TAFELBILD 4 erarbeitet wird, das die wesentlichen Gründe zusammenfasst. GA / UG

TAFELBILD 4 ➤ S. 27

Leitfrage:

- Stellt aus eurer Textkenntnis Gründe zusammen, warum die Beziehung von Sali und Vrenchen keine Zukunftsperspektive hat. Sucht im Text dazu Belege.

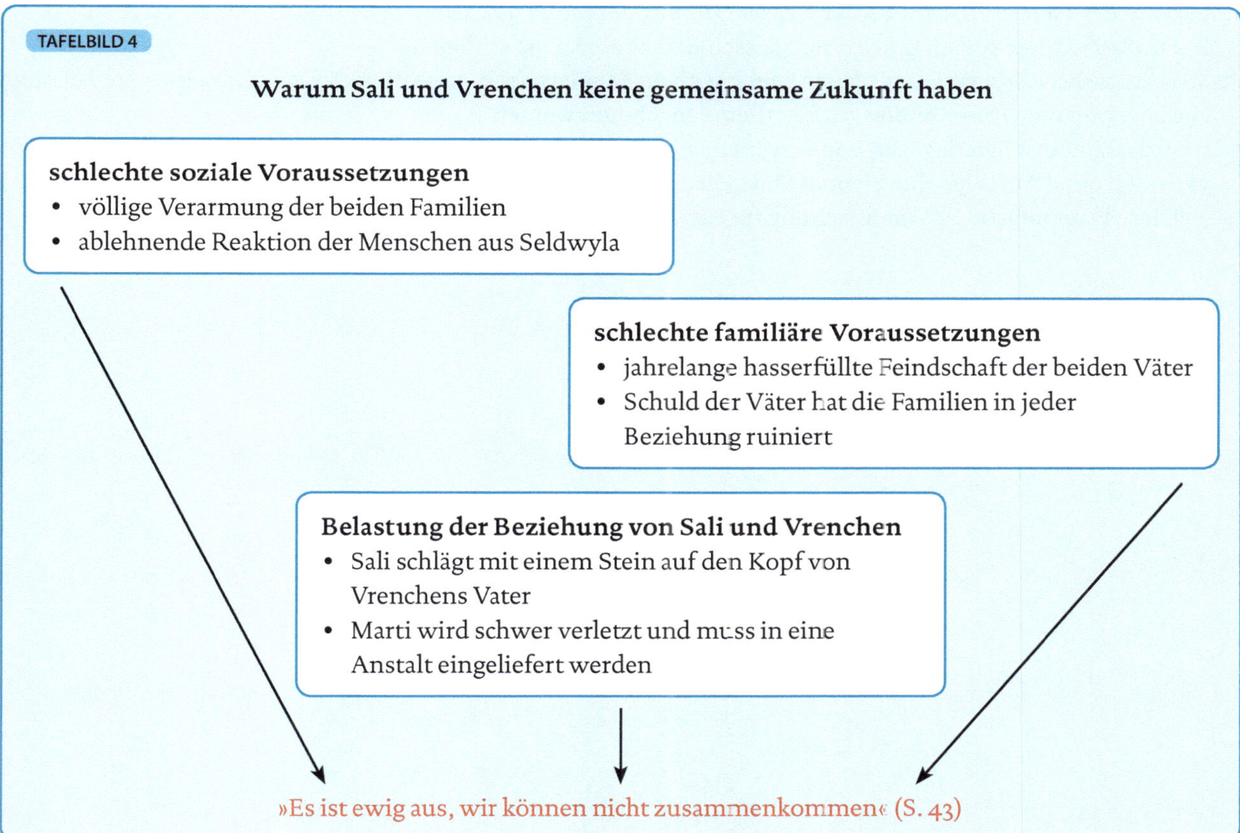

4.5 Diskussion über einen möglichen alternativen Handlungsverlauf

UG

Unterrichtsschritt. Es soll diskutiert werden, ob es doch zu einem guten Ende für das Liebespaar kommen könnte. Verschiedene Handlungsalternativen sollen aufgeworfen, geprüft und diskutiert werden. Damit wird die Handlung der Novelle auch noch einmal durchdacht und auf Schlüssigkeit geprüft.

Erläuterungen. Diese letzte Phase der Unterrichtsstunde setzt am Ende der Vätergeschichte an. Marti ist in der Anstalt, der Hof wird verkauft, so dass Vrenchen kein Heim mehr hat. Sali fühlt sich zu Hause auch nicht mehr wohl, weil seine Eltern zu Hehlern herabgesunken sind. Vrenchen überlegt, irgendwo in Dienst zu gehen, Sali spielt mit dem Gedanken, sich als Knecht oder Soldat zu verdingen. Beide können aber nicht voneinander lassen und wollen deswegen nicht in die Fremde. Sie können aber nach ihrer Überzeugung auch nicht zu einer glücklichen Ehe zusammenkommen. Diese Situation soll noch einmal dargestellt werden, bevor darüber diskutiert wird.

Eine mögliche Alternative, die von Schülerseite vorgeschlagen werden könnte, wäre eine heimliche Heirat, nach der sie versuchen würden, als Ehepaar auf einem Bauernhof als Magd und Knecht zu arbeiten. Sie könnten auch probieren, erst einmal getrennt die Grundlagen für ein gemeinsames Leben zu erarbeiten, sie als Magd, er als Soldat. Auch eine gemeinsame Auswanderung in die Vereinigten Staaten wäre denkbar. Es ist auch vorstellbar, dass sie überlegen, wie es weitergehen könnte, wenn sie sich trennen und jeweils für sich ihr Glück suchen würden.

Diese Diskussion schärft den Blick der Schülerinnen und Schüler für die Frage, ob die Situation tatsächlich so aussichtslos ist, wie es in der Novelle dargestellt wird, hebt die Unterschiede zwischen den gesellschaftlichen Konventionen des 19. Jahrhunderts und der Gegenwart ins Bewusstsein und leitet damit bereits zur folgenden Stunde über.

Hausaufgabe

1. Lektüre des vierten Abschnitts der Novelle (*Romeo und Julia auf dem Dorfe*, Reclam XL, S. 52, Z. 14 – S. 75, Z. 37; »Sali richtete seinen Schritt« bis »dessen Bewohner längst schliefen«).

*2. Als zusätzliche Aufgabe kann guten und kreativen Schülern (mit der Ankündigung, dass eine gute Leistung auch benotet wird) ein weiteres Aufsatzthema angeboten werden.

Aufsatzthema: Überlege dir, wie es weitergehen könnte: Sali und Vrenchen gehen nicht zum Tanz, sondern verlassen ohne Abschied ihre Heimat und gehen in die Fremde.

Diese Hausaufgabe ist Voraussetzung für den fakultativen Unterrichtsschritt 6.3 (vg. S. 37).

5 Den letzten Tag des Liebespaares nachzeichnen

Sachanalyse

Schon der Anfang des vierten Erzählabschnitts (Reclam XL, S. 52–75) unterstreicht noch einmal, wie verliebt Sali und Vrenchen sind, denn sie können es nicht erwarten, einander wiederzusehen. Eine gemeinsame Zukunft mit Sali ist Vrenchens tiefster Wunsch; er zeigt sich in der gutbürgerlichen und wohlhabenden Traumwelt, die sie der Bäuerin auf eine Weise entfaltet, dass diese nach anfänglichen Zweifeln wirklich glaubt, dass sich Vrenchens Schicksal zum Guten gewandelt hat. Dies steht aber in einem vollkommenen Gegensatz zu der trostlosen Realität. Vrenchens ganzer Besitz ist verkauft, sie muss das Elternhaus räumen und weiß nicht, wo und wovon sie in Zukunft leben wird. Dieses Spannungsverhältnis zwischen ersehnter und vorgespielter Bürgerlichkeit und dem oft uneingestandenen Bewusstsein, dass es für ihre Liebesbeziehung keinen Platz in der bäuerlich-bürgerlichen Gesellschaft gibt, durchzieht den letzten Tag des Liebespaares. Vrenchen möchte vor der Trennung einen sorgenfreien Tag mit Sali verleben, doch die Wirklichkeit holt sie immer wieder ein. Sie wirken »wie zwei Glückliche, die sich von Rechts wegen angehören« (S. 58), freuen sich am Miteinander und am guten Essen, doch ihre Ärmlichkeit ist unübersehbar, auch wenn sie wegen ihres guten Benehmens Anerkennung finden. Nach dem Frühstück ergreift sie die Trauer, als sie beim Laufen aus ihrem Traum vom Glück aufwachen und ihnen die Realität bewusst wird. Beim Mittagessen ordnet sie die missgünstige Kellnerin unüberhörbar den Heimatlosen zu. Zugleich genießt es Vrenchen, dass sie von der Wirtin für eine richtige Braut gehalten wird, und will aus dieser Täuschung gar nicht heraus. Als die beiden zur Kirchweih kommen, hat sich dies in ihr so verfestigt, dass sie den schönen Traum vom gemeinsamen Glück sogar als Möglichkeit ausspricht (»Sali! warum sollen wir uns nicht haben und glücklich sein?«, S. 63). Das Lebkuchenhaus und die Ringe, die sich Sali und Vrenchen gegenseitig als Geschenk machen (vgl. S. 64, 66), zeigen, was sie werden entbehren müssen und sich zugleich so sehr ersehnen, nämlich dauerhafte Liebe und ein gemeinsames Zuhause. Doch nun trifft sie die erneute Ernüchterung noch härter. Die Begegnung mit den jungen Leuten aus Seldwyla, die sie kennen, macht ihnen endgültig deutlich, dass es in dieser Gesellschaft für sie keine bürgerliche Normalität und keine Geborgenheit geben wird. Doch eigentlich ist ihnen die Flüchtigkeit ihres momentanen Glücks immer bewusst, denn schon die Ringe, Zeichen einer dauerhaften Liebe, sind zugleich als Abschiedsgeschenke bei der Trennung gedacht, wie der Erzähler annimmt.

Äußerlich mögen sie, sauber herausgeputzt und ehrbar-bürgerlich anzuschauen, den Eindruck eines glücklichen Brautpaares in wohlgeordneten Verhältnissen erwecken, aber ihr Platz ist bei den Armen und Ausgestoßenen: Sie gehen ins Paradiesgärtlein, wo diese sich zum Tanz treffen. Dass Vrenchens Lebkuchenhaus nach dem ersten Walzer zerdrückt ist (vgl. S. 69), hat durchaus symbolische Bedeutung, denn der Traum vom bürgerlichen Glück ist nun endgültig vorbei. Die beiden tanzen pausenlos, um sich und die Welt zu vergessen, aber am Ende steht die nächste Ernüchterung. Wer einen festen Wohnsitz hat, ist irgendwann verschwunden. Zurück bleiben nur die Heimatlosen, zu denen jetzt auch Sali und Vrenchen gehören. Der schwarze Geiger, der sie bei der ersten Begegnung so erschreckt hat, präsentiert sich hier ganz anders und viel freundlicher. Er freut sich zwar, dass sie auf dem gleichen sozialen Status angekommen sind wie er, will ihnen aber nun behilflich sein. Sie sollen bei den Heimatlosen ein Zuhause finden, Teil ihres freien Lebens in der Natur und auch von den bürgerlichen Normen frei werden. Das geht Sali und Vrenchen aber zu weit. Die bürgerlichen Werte sind in ihnen zu sehr verankert, die Erinnerung an die Zeit, als ihre Väter noch geachtete Bauern waren, steckt tief in ihnen (vgl. S. 72). Auch das Beispiel des Mädchens, das ihrem Partner untreu geworden ist, wirkt auf sie abschreckend. Sie lassen sich noch vom schwarzen Geiger in einer spaßhaften Zeremonie verheiraten, nehmen an dem Hochzeitszug teil, der sie noch einmal durch ihr Heimatdorf und über die drei Äcker führt, bleiben aber dann zurück (vgl. S. 75). Die bäuerlich-bürgerliche Gesellschaft, der sie sich zugehörig fühlen, gibt ihnen keinen Platz. Die Welt der Heimatlosen, die ihnen offensteht, ist ihnen zu fremd, um darin heimisch werden zu können.

Unterrichtsverlauf

Überblick. Schon im Einstieg sollen die Schülerinnen und Schüler dafür sensibilisiert werden, dass der letzte gemeinsame Tag von einem Spannungsverhältnis geprägt ist, nämlich zwischen dem Wunsch nach einem Platz in der bürgerlich-bäuerlichen Gesellschaft und dem Bewusstsein, dass es für sie trotz ihrer Liebe keine gemeinsame Zukunft gibt. Wie sich dieses Spannungsverhältnis von Station zu Station entwickelt und wie es jeweils dargestellt wird, soll genau untersucht und an der Tafel festgehalten werden. ! **Verkürzter Verlauf: 5.1 – 5.2 – 5.4**

Phase	Thema	Sozialform	Kompetenzen und Lernziele	Materialien
Voraussetzungen: Lektüre der Novelle S. 52–75				
5.1	Einstiegsphase: Im Wechselbad der Gefühle	UG	• Bildbeschreibung üben und ein Bild in einen Handlungszusammenhang einordnen können • Intention eines Bildes erkennen und mit einem anderen Bild vergleichen	VORLAGE 5 ➤ S. 31
5.2	Erarbeitung: Der letzte Tag von Sali und Vrenchen	PA	• Genaue Analyse eines Textabschnitts anhand vorgegebener Leitfragen • Den Gang der Handlung erarbeiten und das Spannungsfeld erkennen, in dem Sali und Vrenchen diesen letzten Tag verbringen	ARBEITSBLATT 5 ➤ S. 33
5.3 **fakultativ**	Szenische Vertiefung: Standbilder bauen	GA	• Sich in eine Situation und in literarische Figuren hineindenken und hineinfühlen • Das Wesentliche einer Situation erkennen und in eine optische Darstellung umsetzen • Gemeinsam an der Verbesserung der szenischen Darstellung arbeiten	
5.4	Zusammenfassung und Sicherung des Erarbeiteten	UG	• Erworbene Kenntnisse ins Unterrichtsgespräch einbringen • Handlungszusammenhänge verstehen und festhalten	TAFELBILD 5 ➤ S. 32
HA	Lektüre des letzten Abschnitts der Novelle			*Romeo und Julia auf dem Dorfe*, Reclam XL, S. 76–80

5.1 Einstiegsphase: Im Wechselbad der Gefühle

UG

VORLAGE 5
➤ S. 31

Unterrichtsschritt. Als Einstieg werden zwei Bilder gezeigt (VORLAGE 5 ***Im Wechselbad der Gefühle***), die das Spannungsverhältnis zwischen zärtlicher Liebe und Ablehnung durch die anderen deutlich machen. Im Unterrichtsgespräch wird die These erarbeitet, dass dieses Wechselspiel zwischen zärtlicher und aufrichtiger Liebe zueinander und der Ablehnung durch die anderen, die ihnen keinen Platz in der bürgerlich-bäuerlichen Gesellschaft einräumen, den ganzen letzten Tag der beiden bestimmt. Dies soll dann im Folgenden genau erarbeitet werden.

Erläuterungen zu VORLAGE 5. Das linke Bild zeigt, wie Sali und Vrenchen von jungen Leuten aus Seldwyla erkannt worden sind. Sie stehen, wie in der Novelle beschrieben, in einiger Entfernung von ihnen und lassen sie ihre Ablehnung spüren (Abwenden, verächtlicher Blick über die Schulter). Vrenchen lehnt sich (zärtlich und/oder beschämt) an Sali, dessen Gesichtsausdruck deutlich zeigt, wie unwohl er sich bei der Ablehnung fühlt, die ihnen entgegenschlägt. Das rechte Bild zeigt den Hochzeitszug der Heimatlosen für Sali und Vrenchen im Mondschein. Sie ziehen weiter, während Sali und Vrenchen zurückbleiben. Die Umarmung verdeutlicht ihre innige Liebe zueinander, zeigt aber auch, dass sie ganz allein auf sich gestellt sind.

VORLAGE 5

Im Wechselbad der Gefühle

Ernst Würtenberger, Holzschnitte von 1919

Arbeitsaufträge:

1. Ordnet die beiden Bilder in den Handlungszusammenhang ein.
2. Beschreibt, welche Gefühle mit den Bildern dargestellt werden sollen.

5.2 Erarbeitung: Der letzte Tag von Sali und Vrenchen

PA

Unterrichtsschritt mit Erläuterungen. Die Sitznachbarn erhalten das ARBEITSBLATT 5 ***Der letzte Tag von Sali und Vrenchen***, das sie in Partnerarbeit ausfüllen sollen. Die einzelnen Gruppen sollen bei der Bearbeitung des Textabschnitts *Romeo und Julia auf dem Dorfe*, Reclam XL, S. 52, Z. 14 –S. 75, Z. 37 vor allem darauf achten, wie sich Sali und Vrenchen selbst fühlen und welchen Eindruck sie auf ihre Umgebung machen. Auch die Bedeutung der Geschenke soll berücksichtigt werden.

ARBEITSBLATT 5 ➤ S. 33
Lösungshinweise ➤ S. 85

5.3 Szenische Vertiefung: Standbilder bauen (fakultativ)

GA

Unterrichtsschritt. Die Klasse wird in vier Gruppen eingeteilt, denen jeweils eine Situation zugeteilt wird, die sie in ein Standbild umsetzen sollen. Bei größeren Klassen können auch einzelne Stationen doppelt besetzt werden.

Folgende Situationen sind vorgesehen:

- Vrenchens Abschied von ihrem Elternhaus
- Das gemeinsame Frühstück von Sali und Vrenchen
- Das gemeinsame Mittagessen von Sali und Vrenchen
- Sali und Vrenchen auf der Kirchweih

Erläuterung. Wenn die Lerngruppe mit dem Standbildverfahren nicht vertraut ist, muss die Lehrkraft einige allgemeine Erklärungen voranstellen: In der ersten Phase erfolgt die inhaltliche Klärung, d.h. in diesem Fall, welche Situation vorhanden ist, welche Personen beteiligt sind, wie sie zueinander stehen. In der zweiten Phase wird in der Gruppe gemeinsam überlegt, worauf der Schwerpunkt gelegt wird, was bei der Darstellung in den Mittelpunkt gestellt werden soll. In der dritten Phase wird das Standbild geprobt. Dabei sollen die Schülerinnen und Schüler ermutigt werden, auch Mimik und Gestik einzusetzen. Am Ende wird dann das Standbild vor der Klasse vorgeführt sowie erklärt und diskutiert. Den Schülerinnen und Schülern soll deutlich werden, dass deswegen von Standbild gesprochen wird, weil sie, nachdem das Standbild steht, erst einmal quasi erstarren, sich also nicht bewegen und nichts sagen. Man könnte sagen, dass sie eine Fotografie aus lebenden Personen darstellen.

5.4 Zusammenfassung und Sicherung des Erarbeiteten

UG

Unterrichtsschritt. Im Unterrichtsgespräch wird der Stoff der Stunde noch einmal zusammengefasst. Die Ergebnisse werden im TAFELBILD 5 gesichert und mitgeschrieben.

TAFELBILD 5 ➤ S. 32

Hausaufgabe

Lektüre des letzten Abschnitts der Novelle (*Romeo und Julia auf dem Dorfe*, Reclam XL, S. 76–80; (»Diesen sind wir entflohen« bis »Verwilderung der Leidenschaften«).

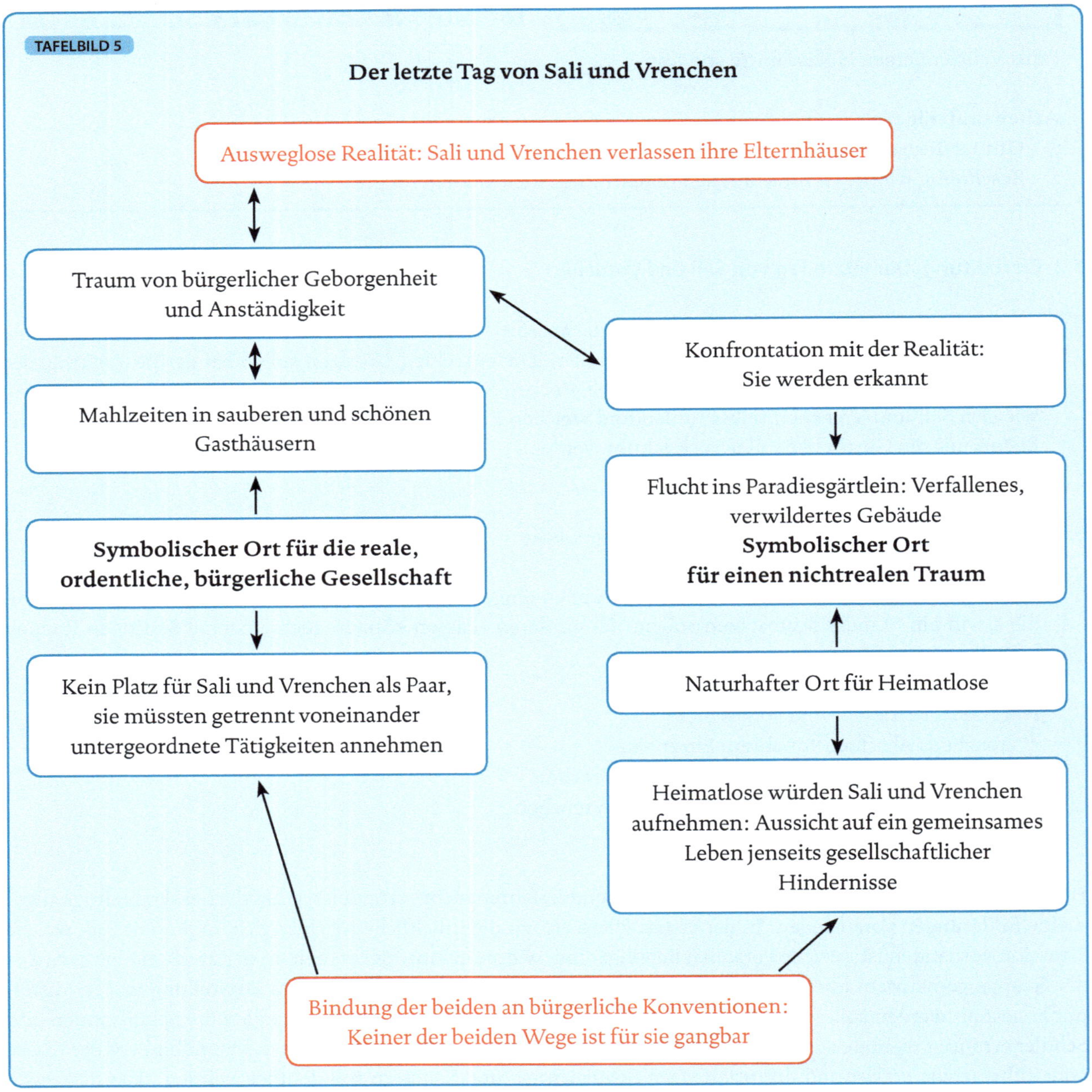

TAFELBILD 5

Der letzte Tag von Sali und Vrenchen

Ausweglose Realität: Sali und Vrenchen verlassen ihre Elternhäuser

↕

Traum von bürgerlicher Geborgenheit und Anständigkeit ↔ Konfrontation mit der Realität: Sie werden erkannt

Traum von bürgerlicher Geborgenheit und Anständigkeit ↕ Mahlzeiten in sauberen und schönen Gasthäusern

↑

Symbolischer Ort für die reale, ordentliche, bürgerliche Gesellschaft

↓

Kein Platz für Sali und Vrenchen als Paar, sie müssten getrennt voneinander untergeordnete Tätigkeiten annehmen

Konfrontation mit der Realität: Sie werden erkannt

↓

Flucht ins Paradiesgärtlein: Verfallenes, verwildertes Gebäude
Symbolischer Ort für einen nichtrealen Traum

↑

Naturhafter Ort für Heimatlose

↓

Heimatlose würden Sali und Vrenchen aufnehmen: Aussicht auf ein gemeinsames Leben jenseits gesellschaftlicher Hindernisse

Bindung der beiden an bürgerliche Konventionen: Keiner der beiden Wege ist für sie gangbar

ARBEITSBLATT 5

Der letzte Tag von Sali und Vrenchen

Hoffnung, Zeichen von Liebesglück	**Stationen des letzten Tages**	drohendes Unheil
	1.	
	2.	
	3.	
	4.	
	5.	
	6.	

Arbeitsaufträge:

Untersucht den Textausschnitt Romeo und Julia auf dem Dorfe, Reclam XL, S. 52, Z. 14 – S. 75, Z. 37.

1. Schreibt zunächst in die Mitte des Arbeitsblatts die Stationen des letzten Tages von Sali und Vrenchen, also die Orte, wo sie sich aufhalten.
2. Notiert in der linken Spalte alles, was das Liebesglück der beiden erkennen lässt und Hoffnung auf eine gemeinsame Zukunft erweckt.
3. Ergänzt in der rechten Spalte alles, was auf das drohende schlechte Ende hinweist.

6 Den Schluss der Novelle interpretieren

Sachanalyse

Aus der Heimat wegzugehen, sich zu trennen und anderswo alleine neu anzufangen und als Soldat oder Magd den Lebensunterhalt zu verdienen, ist für Sali und Vrenchen nur noch eine theoretische Möglichkeit. Die Ringe, die sie unabhängig voneinander sozusagen als Abschiedsgeschenk gekauft haben, zeigen, dass dies eine reale Option gewesen ist. Doch jetzt bekommt der Ring eine neue symbolische Bedeutung. Sie betrachten sich nun als Mann und Frau. Die Hochzeitszeremonie, die vom schwarzen Geiger durchgeführt wurde, ließen sie über sich ergehen. Diese Zeremonie hat sie zwar innerlich berührt, aber sie haben sie nur als Spaß betrachtet. Den Ringtausch im Mondlicht, bei dem außer ihnen niemand mehr zugegen ist, nehmen sie aber ernst, »ihre ringgeschmückten Hände« »fassten sich fest, wie von selbst eine Trauung vollziehend« (S. 77). Vrenchen liebt Sali mit aller Leidenschaft, ist aber zugleich stark von bürgerlichen Werten und Konventionen geprägt. Sie möchte eine anständige und treue Frau sein, ganz anders als die Heimatlose, die in einem Umfeld der freien Liebe ihrem Partner untreu geworden ist (vgl. S. 73 f.). Dass sie einander nach dem Wechseln der Ringe nun »verlobt und versprochen« (S. 77) sind, gibt ihr die innere Rechtfertigung, ihrer Leidenschaft freie Bahn zu geben. Das weckt nun auch in Sali neue Leidenschaft, und die Zärtlichkeiten, die jetzt ausgetauscht werden, werden begehrlicher und drängen auf sexuelle Vereinigung. Sie müssen, wie Keller schreibt, an einem Tag »alle Manieren und Stimmungen der Liebe durchleben« (S. 61). Dabei gelingt es Keller, die wachsende Leidenschaft zart und zugleich klar darzustellen, ohne gesellschaftliche Konventionen der damaligen Zeit zu sehr zu verletzen, auch wenn er für dieses Ende von einigen seiner Zeitgenossen heftig kritisiert wurde.

Die beiden Liebenden wollen die Ehe vollziehen und dann aus dem Leben scheiden. Was Sali vorschlägt, hat sich Vrenchen auch schon gedacht, ohne es auszusprechen (vgl. S. 77 f.). Der Tod macht den beiden keine Angst, weil ihnen das Leben keine Perspektive mehr bietet. Aber sie wollen anständig aus dem Leben scheiden, ohne an anderen schuldig zu werden. Vrenchen will den Bauern nicht ihr Heuschiff stehlen und wird von Sali beruhigt, dass diese ihr Schiff wohlbehalten am Zielort finden werden (vgl. S. 78 f.). Das Heuschiff verbindet die beiden mit der bäuerlichen Lebenswelt, aus der sie stammen und der sie sich zugehörig fühlen, zugleich steht es für Unsicherheit und Entwurzelung, denn sie befinden sich nicht mehr auf festem Boden. Sali trägt seine Braut in ihr Hochzeitsbett und nimmt damit einen traditionellen Hochzeitsbrauch auf, der auch für den Eintritt in eine neue Lebensphase stand. Die Hochzeitsnacht selbst wird nicht beschrieben. Allerdings zeigen die romantischen Elemente in der Naturbeschreibung den Einklang des Erzählers mit den Liebenden, denn der Mond legt ihnen auf dem Wasser eine »glänzende Bahn« (S. 79). Was in der Hochzeitsnacht geschieht, wie die beiden Liebenden miteinander umgehen, bleibt der Phantasie des Lesers überlassen. Der Blick richtet sich nur auf das Schiff. Der Erzähler entfernt sich vom Geschehen und beobachtet nur noch aus der Distanz. Von seinem entfernten Standort sieht er, wie die beiden eng umschlungen ins kalte Wasser gleiten, um miteinander in den Tod zu gehen. Sein Standort ist zu weit weg, um Genaueres zu beobachten oder gar Gedanken und Gespräche wiederzugeben.

Der knapp und nüchtern gehaltene Schluss gibt der bürgerlich-bäuerlichen Gesellschaft die Schuld am Tod des Liebespaares, ohne dies auszusprechen. Denn für die Liebe der beiden gab es in der Gesellschaft keinen Platz. Die Gesellschaft sieht dies allerdings ganz anders, wie in dem kalt formulierten Zeitungsabschnitt zum Ausdruck kommt. Die Analyse und Wertung der Zeitung entspricht den moralischen Vorstellungen der damaligen Gesellschaft, ist aber herzlos, weil sie die existentielle Not der Betroffenen nicht wahrnimmt (»ein Zeichen von der um sich greifenden Entsittlichung und Verwilderung der Leidenschaften«, S. 80). Die beiden wählen nicht den Tod, weil sie moralisch verwildert sind, sondern weil sie die Normen der Gesellschaft so verinnerlicht haben, dass sie kein Leben außerhalb dieser gesellschaftlichen Normen führen können.

Unterrichtsverlauf

Überblick. In der Stunde werden die unterschiedlichen Versionen des Erzählschlusses untersucht und im Blick auf ihre Wirkung verglichen. Aus der Variante, für die sich Keller schließlich entschieden hat, wird auch seine Aussageabsicht abgeleitet. In der Zusammenfassung werden vor allem die Gründe zusammengestellt, warum sich Sali und Vrenchen dafür entschieden haben, gemeinsam aus dem Leben zu scheiden, aber auch die Rolle der Gesellschaft reflektiert. In einer abschließenden szenischen Vertiefung wird darüber nachgedacht, wie die Reaktion der Novellenfiguren auf den Tod von Sali und Vrenchen ausgesehen haben könnte, denn dazu erzählt der Autor nichts. ! Verkürzter Verlauf: 6.1 – 6.2 – 6.4

Phase	Thema	Sozialform	Kompetenzen und Lernziele	Materialien
Voraussetzungen: Lektüre der Novelle S. 76–80				
6.1	Einstiegsphase: Auf dem Heuschiff	UG	• Bildbeschreibung üben und ein Bild in einen Handlungszusammenhang einordnen können	VORLAGE 6 ➤ S. 36
6.2	Erarbeitung: Verschiedene Varianten für den Schluss der Novelle	EA / UG	• Verschiedene Varianten für den Novellenschluss inhaltlich erarbeiten • Die Wirkung der verschiedenen Alternativen prüfen und diskutieren • Überlegen, warum sich Keller letztlich für diesen Schluss entschieden hat • Die Aussageabsicht aus dem gewählten Schluss ableiten	ARBEITSBLATT 6 ➤ S. 39
6.3 **fakultativ**	Mögliche Alternativen für den Schluss der Handlung	UG	• Die Qualität von Schüleraufsätzen beurteilen • Prüfen, ob die vorgeschlagenen Alternativen für das Handlungsende durchdacht und überzeugend sind • Sachlich diskutieren und emotionale Entgleisungen vermeiden	Schüleraufsätze (HA ➤ S. 28)
6.4	Zusammenfassung und Sicherung des Erarbeiteten	UG	• Erworbene Kenntnisse ins Unterrichtsgespräch einbringen • Handlungszusammenhänge verstehen und festhalten	TAFELBILD 6 ➤ S. 37
6.5 **fakultativ**	Szenische Vertiefung: Reaktionen auf den Tod von Sali und Vrenchen	GA	• Sich in die Gedankenwelt und Lebenssituation einer literarischen Figur hineinversetzen können • Eine Leerstelle in der Novelle füllen und überlegen, wie die Figuren der Novelle auf den Tod von Sali und Vrenchen reagiert haben können • Die Überlegungen in eine kurze Stegreifszene umsetzen	
HA	Tagebucheintrag schreiben			

6.1 Einstiegsphase: Auf dem Heuschiff

Unterrichtsschritt. Die Schülerinnen und Schüler wiederholen anhand der VORLAGE 6 ***Schluss der Novelle*** den Inhalt des zu dieser Stunde als Hausaufgabe gelesenen kurzen Textabschnitts. UG

Erläuterungen zu VORLAGE 6. Die Schülerinnen und Schüler stellen fest, dass die Szene den frühen Morgen darstellt. Die Hochzeitsnacht ist vorbei. Es wird hell, auch wenn die Wolken noch die Reste der Dunkelheit in sich tragen. Das Schiff nähert sich schon der Stadt. Es handelt sich offensichtlich um eine etwas größere Stadt, denn neben den kleineren Häusern am Ufer sieht man drei Kirchtürme. Im Wasser erkennt man Pflöcke, die das Schiff an die Stelle leiten, wo es sicher anlegen kann. Von Sali und Vrenchen sieht man nichts. Sie könnten noch im Heu liegen oder schon ins Wasser geglitten sein. VORLAGE 6 ➤ S. 36

VORLAGE 6

Schluss der Novelle

Ernst Würtenberger, Holzschnitt von 1919

Arbeitsaufträge:

1. Ordnet das Bild in den Handlungszusammenhang ein.
2. Wie wird der Schluss der Novelle in dem Bild dargestellt?

6.2 Verschiedene Varianten für den Schluss der Novelle

EA / UG

ARBEITSBLATT 6

➤ S. 39

Unterrichtsschritt. Die Schülerinnen und Schüler erhalten das ARBEITSBLATT 6 ***Schlussvarianten der Novelle***, das sie anhand der Leitfragen erst einmal in Einzelarbeit erschließen sollen. Wenn alle fertig sind, werden die Ergebnisse ins Unterrichtsgespräch eingebracht.

Erläuterungen zu ARBEITSBLATT 6. Der Text des Arbeitsblatts ist auch in der zugrunde liegenden Ausgabe Reclam XL, S. 87–89, abgedruckt. Liegt sie vor, können die Arbeitsfragen an die Tafel geschrieben werden. Arbeitsauftrag 3 kann für Binnendifferenzierung verwendet und/oder im Unterrichtsgespräch erarbeitet werden.

Hinweise zu den Arbeitsaufträgen:

1. Die bürgerliche Moral sieht den Selbstmord des jungen Paares kritisch, denn die Zeitung nennt die Hochzeit »gottverlassen[]« und beklagt eine »Entsittlichung und Verwilderung der Leidenschaften« (S. 80). Der Tod der beiden Liebenden aus den »zugrunde gegangenen Familien« (S. 80) wird also als Zeichen eines allgemeinen moralischen Verfalls gewertet. Diese Position wird in Abschnitt [3] dargestellt. Es scheint, als handele es sich hier um Kellers eigenen Kommentar, aber er ist, wie man am folgenden Abschnitt sieht, ironisch gemeint.

2. Denn Keller wertet den Tod des Liebespaares in Abschnitt [4] als Zeichen dafür, dass es im einfachen Volk noch aufrichtige Gefühle und Leidenschaften gibt, während in den höheren Ständen die Beziehungen aus egoistischen und berechnenden Motiven geschlossen und auch sofort wieder gelöst werden, wenn sich die erwarteten Ziele nicht verwirklichen lassen. Es gibt auch keine enge Bindung an den Partner und keine Bereitschaft, für ihn irgendetwas von eigenen Interessen aufzugeben oder sich für ihn gar in Gefahr zu bringen.

3. Der erweiterte Schluss rechtfertigt die aufrichtige Handlungsweise einfacher Schichten gegenüber der unaufrichtigen und berechnenden Gefühlskälte des guten Bürgertums. Dieses Argumentieren und Moralisieren nimmt dem Schluss aber die eindringliche, berührende Wirkung. Der Erzähler nimmt in der endgültigen Version eine rein beobachtende Position ein und vermeidet jede Wertung des Verhaltens des Liebespaars, das für sich keine gemeinsame Zukunft sieht und in seiner verzweifelten Situation den Tod als Ausweg wählt. Doch weil die ganze Darstellung darauf angelegt ist, Sympathie für Sali und Vrenchen zu wecken, die wegen der Schuld ihrer Väter nicht auf Dauer zusammenkommen können, nimmt ihr tragisches Schicksal den Leser für sie ein. Diese Wirkung ist viel unmittelbarer, wenn nur der Tod und das gefühlskalte sittliche Urteil der Zeitung am Ende steht, gegen das der Leser sofort innerlich eingenommen ist.

6.3 Mögliche Alternativen für den Schluss der Handlung (fakultativ)

Unterrichtsschritt. Dieser fakultative Unterrichtsschritt setzt voraus, dass im Unterrichtsschritt 4.5 (s. S. 28) als Hausaufgabe ein Aufsatz aufgegeben wurde, in dem überlegt wird, wie es weitergehen könnte, wenn Sali und Vrenchen sich entschlossen hätten, in die Fremde zu gehen. Die Lehrkraft liest einige der Fortsetzungen vor. Im Unterrichtsgespräch wird diskutiert, ob die jeweils vorgeschlagene Alternative durchdacht und in sich stimmig ist.

UG

Schüleraufsätze (HA) ➤ S. 28

Erläuterungen. Schon im Unterrichtsschritt 4.5 wurde kurz skizziert, welche Möglichkeiten für einen alternativen Schluss von Seiten der Schülerinnen und Schüler zu erwarten sind. Dabei kann man davon ausgehen, dass sie sich kaum dafür entscheiden, die Geschichte mit einem mühevollen Soldaten- oder Arbeitsleben ausklingen zu lassen. Sie bevorzugen einen klaren Schluss, z.B. den Tod der Protagonisten oder das Scheitern von Lebensplänen. Viel häufiger endet die Erzählung aber mit einem Happy End, z.B. damit, dass Sali und Vrenchen doch noch eine Ehe schließen können und zu einem bescheidenen wirtschaftlichen Glück gelangen, das ihnen ein zufriedenes, gemeinsames Leben ermöglicht.

6.4 Zusammenfassung und Sicherung des Erarbeiteten

Unterrichtsschritt. Im Unterrichtsgespräch wird der Stoff der Stunde noch einmal zusammengefasst. Die Ergebnisse werden im TAFELBILD 6 gesichert und mitgeschrieben.

UG

TAFELBILD 6 ➤ S. 37

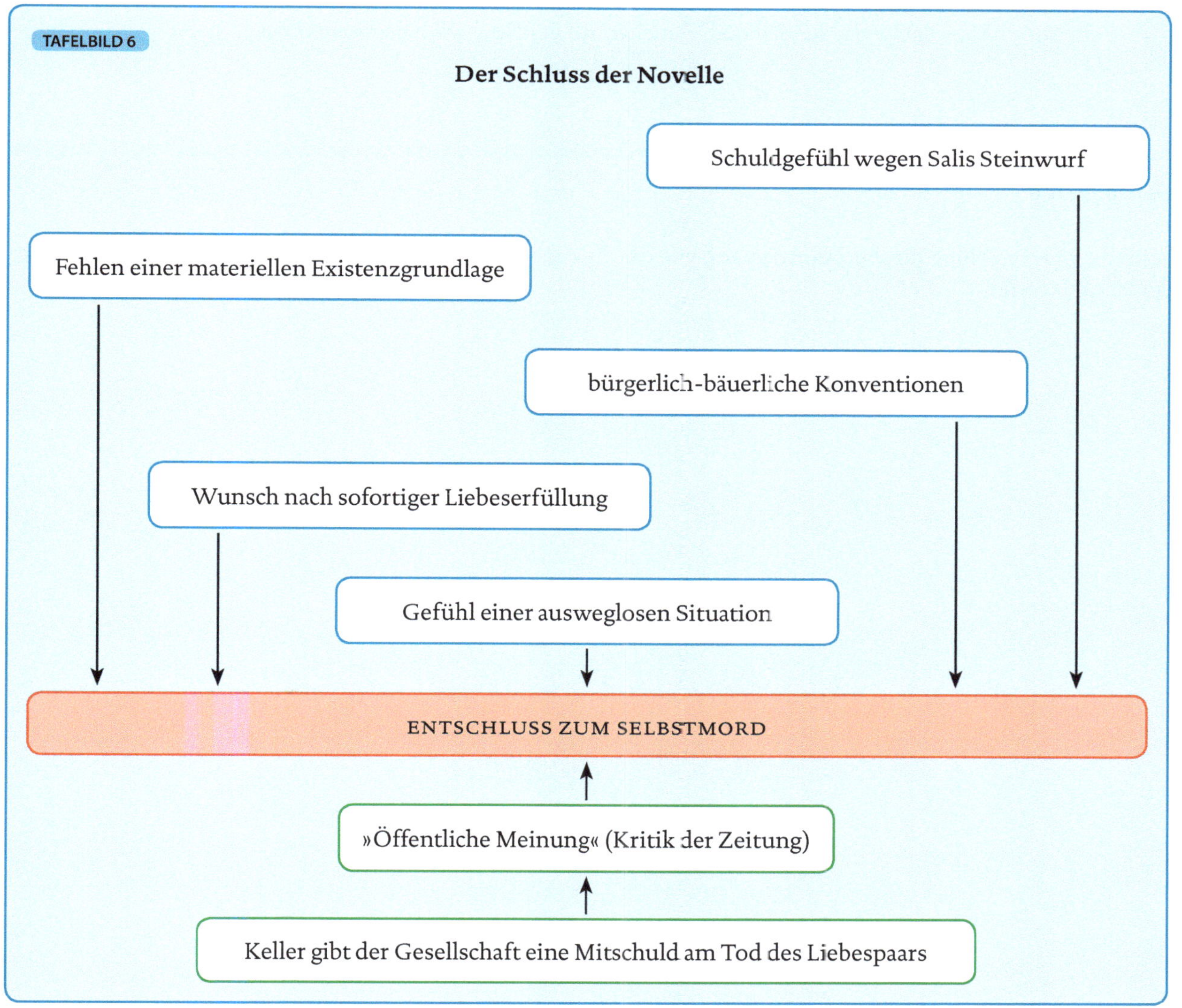

6.5 Szenische Vertiefung: Reaktionen auf den Tod von Sali und Vrenchen (fakultativ)

GA

Unterrichtsschritt mit Erläuterungen. Die Klasse wird in Gruppen von 3–4 Schülerinnen und Schülern eingeteilt. Den Gruppen werden Personen aus der Novelle zugewiesen, die mit Sali und Vrenchen an ihrem letzten Tag in irgendeiner Weise in Kontakt waren. Sie sollen überlegen, wie diese Personen auf die Nachricht vom Tod von Sali und Vrenchen reagiert haben könnten. Nach höchstens fünf Minuten werden die Gruppen aufgefordert, einen Sprecher zu bestimmen.

Dann wird die Situation kurz erklärt: Ein Reporter der örtlichen Tageszeitung befragt Personen. Die Rolle des Reporters kann von der Lehrkraft übernommen werden. Es ist gleichermaßen denkbar, eine Schülerin oder einen Schüler aus der Gruppenarbeit herauszunehmen und während dieser Zeit zu besprechen, welche Fragen gestellt werden können. Dabei kann man kurz erzählen lassen, wie die Begegnung ausgesehen hat, und vor allem fragen,

1. wie die Person den Tod von Sali und Vrenchen beurteilt,
2. ob dieser Tod hätte vermieden werden können und
3. ob in irgendeiner Weise eine Mitverantwortung gesehen wird.

Folgende Figuren sind möglich:

- Mutter von Sali
- Vater von Sali
- der schwarze Geiger
- die Bäuerin, die Vrenchens Bett gekauft hat
- die Wirtin, bei der Sali und Vrenchen gefrühstückt haben
- die Kellnerin, die sich über Sali und Vrenchen abfällig geäußert hat
- ein Bursche aus Seldwyla, der Sali und Vrenchen auf der Kirchweih beobachtet hat

Hausaufgabe

Schreibe in Form eines Tagebucheintrags auf, wie die dir zugeteilte Person den Tod von Sali und Vrenchen empfindet und wertet.

Verschiedene Schlüsse der Novelle

Gottfried Keller hat nacheinander drei verschiedene Schlüsse vorgesehen, die sich in unterschiedlicher Weise aus den im folgenden abgedruckten Absätzen [1] – [4] zusammensetzten:

- 1856 (Erstveröffentlichung): [1] – [4]
- 1871 (Novellensammlung): [1]
- 1874 (letztgültiger Schluss): [1] – [2]

»›[1] Der Fluss zog […] glitten zwei bleiche Gestalten in die kalten Fluten. [Text entspricht Reclam XL, S. 79.]

[2] Das Schiff legte sich […] abermals ein Zeichen von der um sich greifenden Entsittlichung und Verwilderung der Leidenschaften. [Text entspricht Reclam XL, S. 79 f.]

[3] Was die Sittlichkeit betrifft, so bezweckt diese Erzählung keineswegs, die Tat zu beschönigen und zu verherrlichen; denn höher als diese verzweifelte Hingebung wäre jedenfalls ein entsagendes Zusammenraffen und ein stilles Leben voll treuer Mühe und Arbeit gewesen, und da diese die mächtigsten Zauberer sind in Verbindung mit der Zeit, so hätten sie vielleicht noch alles möglich gemacht; denn sie verändern mit ihrem unmerklichen Einflusse die Dinge, vernichten die Vorurteile, stellen die Ehre her und erneuen das Gewissen, so dass die wahre Treue nie ohne Hoffnung ist.

[4] Was aber die Verwilderung der Leidenschaften angeht, so betrachten wir diesen und ähnliche Vorfälle, welche alle Tage im niederen Volke vorkommen, nur als ein weiteres Zeugnis, dass dieses allein es ist, welches die Flamme der kräftigen Empfindung und Leidenschaft nährt und wenigstens die Fähigkeit des Sterbens für eine Herzenssache aufbewahrt, dass sie zum Troste der Romanzendichter nicht aus der Welt verschwindet. Das gleichgültige Eingehen und Lösen von ›Verhältnissen‹ unter den gebildeten Ständen von heute, das selbstsüchtige frivole Spiel mit denselben, die große Leichtigkeit, mit welcher heutzutage junge Leutchen zu trennen und auseinanderzubringen sind, wenn ihre Neigung irgend außer der Berechnung liegt, sind zehnmal widerwärtiger, als jene Unglücksfälle, welche jetzt die Protokolle der Polizeibehörden füllen und ehedem die Schreibtafeln der Balladensänger füllten. Wir sehen alle Tage etwa einen wohlgekleideten Herrn, der seine Frau oder Braut mitten auf der Straße plötzlich stehen lässt und auf die Seite springt, weil irgendeinem Schlächter eine alte Kuh entsprungen ist und bedrohlich dahergerannt kommt. Höchstens aus der Ferne, hinter einer Haustür hervor, schwingt er sein Stöckchen und macht Bscht! Bscht! Solche Leute werden sich allerdings nicht aus Eigensinn und Leidenschaft ums Leben bringen, wenn man sie trennen will. Ebensowenig diejenigen, welche in allen Zeitungen ihre ›statt gefundene‹ Verlobung anzeigen und vierzehn Tage darauf einen Inseratenkrieg führen, wo jeder Part sich rühmt und behauptet, das ›Verhältnis‹ zuerst abgebrochen zu haben.‹«

Peter Stocker: *Romeo und Julia auf dem Dorfe.* Novellistische Erzählkunst des Poetischen Realismus. In: Interpretationen. Gottfried Keller: Romane und Erzählungen. Hrsg. von Walter Morgenthaler. Stuttgart: Reclam, 2007. S. 57–77, hier: S. 66 f.

Dazu schreibt Peter Stocker:

»Absatz 1 (vgl. S. 79) erzählt den Doppelselbstmord, in einem einzigen kurzen, fast brutal objektiv wirkenden Satz. Dass nur noch unpersönlich von ›zwei bleichen Gestalten‹ die Rede ist, als hätte der Erzähler von den Figuren bereits Abschied genommen, verstärkt die Objektivierungstendenz. Endet die Erzählung an dieser Stelle, ergibt sich, filmisch gesprochen, durch den harten ›Schlussschnitt‹ eine starke Affektwirkung, vorbereitet durch das vorangehende ›Aufzoomen‹ (vom Heuschiff auf eine ganze Landschaft inklusive Stadtkulisse in Vogelschau), die pathetische Naturbeschreibung (untergehender Mond, aufsteigende Morgenröte) und Kontrasteffekte (hell/dunkel, warmes Licht / kalte Fluten). Es scheint, als ob hier eine einfache Liebesgeschichte zu einem sentimentalen Abschluss gebracht werden sollte.

Absatz 2 (vgl. S. 79 f.) referiert einen Zeitungsartikel. Der Erzähler tritt hinter das ›fremde Wort‹ der öffentlichen und veröffentlichten Meinung zurück, die sich für den verallgemeinerbaren Fall (›zwei junge Leute [...] abermals‹) und seine ›sittliche‹ Bedeutung interessiert. Das muss natürlich, im vernichtenden Urteil von der ›Verwilderung der Leidenschaften‹, zu einer totalen Zerstörung des Sentimentalen führen. Was sich hier also klar abzeichnet, ist – statt eines eindeutigen Interpretationsangebotes – die multiperspektivische Relativierung jedes festen Standpunktes. Diese Relativierung betrifft den moralischen Standpunkt genauso wie den sentimentalen.

Absatz 3 treibt die Ironisierung auf die Spitze. Erst jetzt in einen eigentlichen Kommentar überleitend, macht der Erzähler sich nun scheinbar den Standpunkt der Seldwyler Zeitungsleser zu eigen und gibt vor, eine verbindliche Meinung äußern zu wollen. Dieser Kommentar stimmt in der Verurteilung des Selbstmordes mit der öffentlichen Meinung überein.

Absatz 4 nimmt, wie zu erwarten war, diese Denunziation der Figuren zurück, und zwar mit einem Plädoyer für das ›niedere Volk‹ und für ein leidenschaftliches Leben. Gleichzeitig wird zum Schlag gegen die zeitungslesenden und ›sittlich‹ urteilenden ›gebildeten Stände‹ ausgeholt.«

Ebd. S. 67 f.

Arbeitsaufträge:

1. Welche Haltung nehmen die »gebildeten Stände« (Z. 19) gegenüber dem Geschehen ein?
2. Aus welchen Gründen wird diese bürgerliche Moral von Gottfried Keller kritisiert?

*3. Überlege, warum Keller in der endgültigen Fassung auf die Absätze [3] und [4], d. h. auf eigene moralische Überlegungen, verzichtet hat!

7 Die Personen der Novelle charakterisieren

Sachanalyse

Die Personen der Novelle sind alle von den Normen der bürgerlich-bäuerlichen Gesellschaft geprägt. Diese Normen sind gewissermaßen das Ideal, ein Ideal, das unerreichbar ist oder das nur eine Fassade bildet, hinter der sich Lüge und Gier verbergen. Dabei ist auffällig, dass es keine Person gibt, die diese Ideale exemplarisch und vorbildlich verkörpert. Die Bewohner von Seldwyla, die in der Handlung vorkommen, sind etwa im Leben Gescheiterte oder moralisch zweifelhafte Figuren.

Manz und Marti sind Bauern, die nur anfangs den Eindruck machen, eine vorbildliche Bürgerlichkeit zu verkörpern. Sie wirken ordentlich und arbeitsam, sind standesgemäß gekleidet und haben sich ihr gutes Auskommen erarbeitet. Doch schon das Gespräch beim Frühstück (vgl. S. 5–7) zeigt, dass sie unbedingt auf ihren eigenen Vorteil bedacht sind und keine Scheu haben, die Interessen und Ansprüche anderer zu missachten. Durch ihre Hartherzigkeit gegenüber dem schwarzen Geiger, ihre Besitzgier und ihre sture Unnachgiebigkeit ruinieren sie aber nicht nur ihren Besitz, sondern auch das Leben ihrer Kinder. Mit ihrem Niedergang reihen sie sich in die Vielzahl der Bankrotteure Seldwylas ein, die dann am Flussufer stehen und an der Kleidung als Leute erkennbar sind, die einmal bessere Zeiten gesehen haben (vgl. S. 25 f.). Am Ende gehören auch Manz und Marti nicht mehr zur guten Gesellschaft, sie haben alle Bürgerlichkeit hinter sich gelassen. Manz ist sogar auf dem Weg, kriminell zu werden, denn seine heruntergekommene Kneipe wird zu einem Ort zwielichtiger Geschäfte (vgl. S. 47).

Sali wird im Hass auf Martis Familie erzogen. Seine Mutter umschmeichelt ihn, sorgt für gute Kleidung und lässt ihm einiges zukommen, was dieser sich ohne Dankbarkeit gefallen lässt. Er lebt in den Tag hinein, »wandte die Augen von der Zukunft ab« (S. 20). Zugleich geht er immer mehr auf innere Distanz zu seinen Eltern und schämt sich ihrer, er »weinte über Vater und Mutter« (S. 24). Vrenchen wird von ihrem verwitweten Vater viel strenger gehalten und glaubt, dass sie von dem besser gekleideten Sali verachtet wird, während dieser sie überhaupt nicht wahrnimmt. Keine Figur wird vom Autor so genau beschrieben wie sie. Ihre Schönheit und Anmut verbindet sich mit ausschließlich positiven Eigenschaften wie einem ausgeprägten Sinn für Ordnung und Reinlichkeit. Obwohl sie immer wieder ihre Gefühle äußert, handelt sie zugleich sehr überlegt. Das wird vor allem nach dem verhängnisvollen Steinschlag deutlich, als sie Sali genaue Anweisungen gibt, wie er sich zu verhalten hat (vgl. S. 43). Sali und Vrenchen hätten, nachdem sie sich bei der Begegnung am Fluss ineinander verliebt haben, gerne ein bürgerliches Leben geführt. Vielleicht hätten sie diese Werte auch gelebt, denn der Autor deutet in ihrem Charakter keinerlei Habgier oder Niedertracht an. Negativ erscheint nur Salis Jähzorn, der ihn zum Stein greifen lässt und der auch ein Hinderungsgrund für eine bürgerliche Ehe ist. Ob dieses vorbildliche Leben allerdings Wirklichkeit geworden wäre, bleibt Spekulation, denn ihre Armut macht es unmöglich. Für sie ist kein Platz in der bürgerlich-bäuerlichen Gesellschaft. Das wird ihnen bei der Kirchweih endgültig bewusst, ihr Platz ist im Paradiesgärtlein bei den Armen und Heimatlosen (vgl. S. 66 f.).

Auch dem schwarzen Geiger wird als Heimatlosem ein Platz in der Gesellschaft verweigert. Die Möglichkeit, auszuwandern und woanders neu anzufangen, wird ihm ebenfalls verwehrt. Anders als Sali und Vrenchen hat er sich innerlich von den bürgerlichen Werten gelöst und weiß, dass er in diesem Sinne »keine Ehre« (S. 73) hat. Von den Konventionen einer Gesellschaft, die ihm aus egoistischen Motiven die soziale Anerkennung verweigert hat, will er nichts mehr wissen. Er lebt ohne festen Wohnsitz und hat weder mit staatlichen noch kirchlichen Autoritäten etwas zu tun. Er verdient sein Auskommen mit der Musik und mit schmutzigen handwerklichen Tätigkeiten, wie dem Kesselflicken oder Kohlenbrennen, was ihm seinen Beinamen einbringt. Die Bauern und Handwerker nehmen die Dienste der Heimatlosen in Anspruch, wenn sie sie brauchen, zugleich werden sie aber von ihnen verachtet.

Alle anderen vorkommenden Personen sind Nebenfiguren, die nur in jeweils einer Szene der Novelle von Bedeutung sind, aber nirgends zu tragenden Figuren werden.

Unterrichtsverlauf

Überblick. In der Stunde sollen auf der Grundlage des bisher Erarbeiteten die Figuren der Novelle genauer charakterisiert werden. Dabei werden zuerst die Hauptfiguren von den Nebenfiguren unterschieden. Danach wird mit Hilfe von Sekundärliteratur erarbeitet, welche Konsequenzen das Verhalten der Väter für das Leben ihrer Kinder hat. Dies dient auch dazu, sich die Personenkonstellation noch einmal zu verdeutlichen. Dabei geht es nicht nur um sachliche Analyse, sondern auch darum, sich mit Hilfe szenischer Elemente in literarische Figuren hineinzufühlen. Zusätzlich kann noch eine der Figuren vertieft betrachtet werden. ! **Verkürzter Verlauf: 7.1 – 7.2 – 7.3**

Phase	Thema	Sozialform	Kompetenzen und Lernziele	Materialien
Voraussetzungen: Kenntnis der gesamten Novelle				
7.1	Einstieg mit Impulsfrage	UG	• Kenntnis der Novelle auf eine neue Aufgabenstellung anwenden • Bedeutung des Vergebens von Namen erkennen	TAFELBILD 7a ➤ S. 43
7.2	Erarbeitung: Das Verhalten der Väter und die Konsequenzen für die Kinder	EA / UG	• Genaue Analyse von Auszügen aus der Sekundärliteratur anhand von Leitfragen • Wesentliche Aussagen zur Personencharakteristik erarbeiten • Erworbene Kenntnisse ins Unterrichtsgespräch einbringen • Handlungszusammenhänge verstehen und festhalten	ARBEITSBLATT 7 ➤ S. 46 TAFELBILD 7a ➤ S. 43
7.3	Szenische Vertiefung: Standbilder bauen	GA / UG	• Sich in eine Situation und in literarische Figuren hineindenken und hineinfühlen • Das Wesentliche einer Situation erkennen und in eine optische Darstellung umsetzen • Gemeinsam an der Verbesserung der szenischen Darstellung arbeiten • Wesentliche Charaktereigenschaften der Personen verdeutlichen	
7.4 **fakultativ**	Inhaltliche Vertiefung: Der schwarze Geiger	UG	• Erworbene Kenntnisse ins Unterrichtsgespräch einbringen • Wesentliche Merkmale des Aussehens und Wesens erarbeiten • Den schwarzen Geiger als zentrale Figur der Novelle besser verstehen	TAFELBILD 7b ➤ S. 45

7.1 Einstieg mit Impulsfrage

UG

TAFELBILD 7a
➤ S. 43

Unterrichtsschritt mit Erläuterungen. Am Beginn steht eine Impulsfrage (eventuell an die Tafel geschrieben): Wer hat in der Novelle einen Namen?

Die Schülerinnen und Schüler erkennen, dass nur wenige Personen einen Namen tragen, nämlich die beiden Bauern und ihre Kinder. Nicht einmal den Frauen der beiden Bauern wird ein eigener Vorname gegeben, sie sind die »Frau von«. Weil die Bauern in ihrem Wesen so ähnlich sind, klingen auch ihre Namen ganz ähnlich. Die Personen mit einem eigenen Namen sind die zentralen Figuren der Novelle. Dazu kommt noch der schwarze Geiger, der als Heimatloser über keine Papiere verfügt und deshalb wohl auch keinen bürgerlichen Namen besitzt. Die Namen und die Figur des schwarzen Geigers werden als Grundstruktur für den folgenden Unterrichtsschritt bereits im TAFELBILD 7a festgehalten.

TAFELBILD 7a

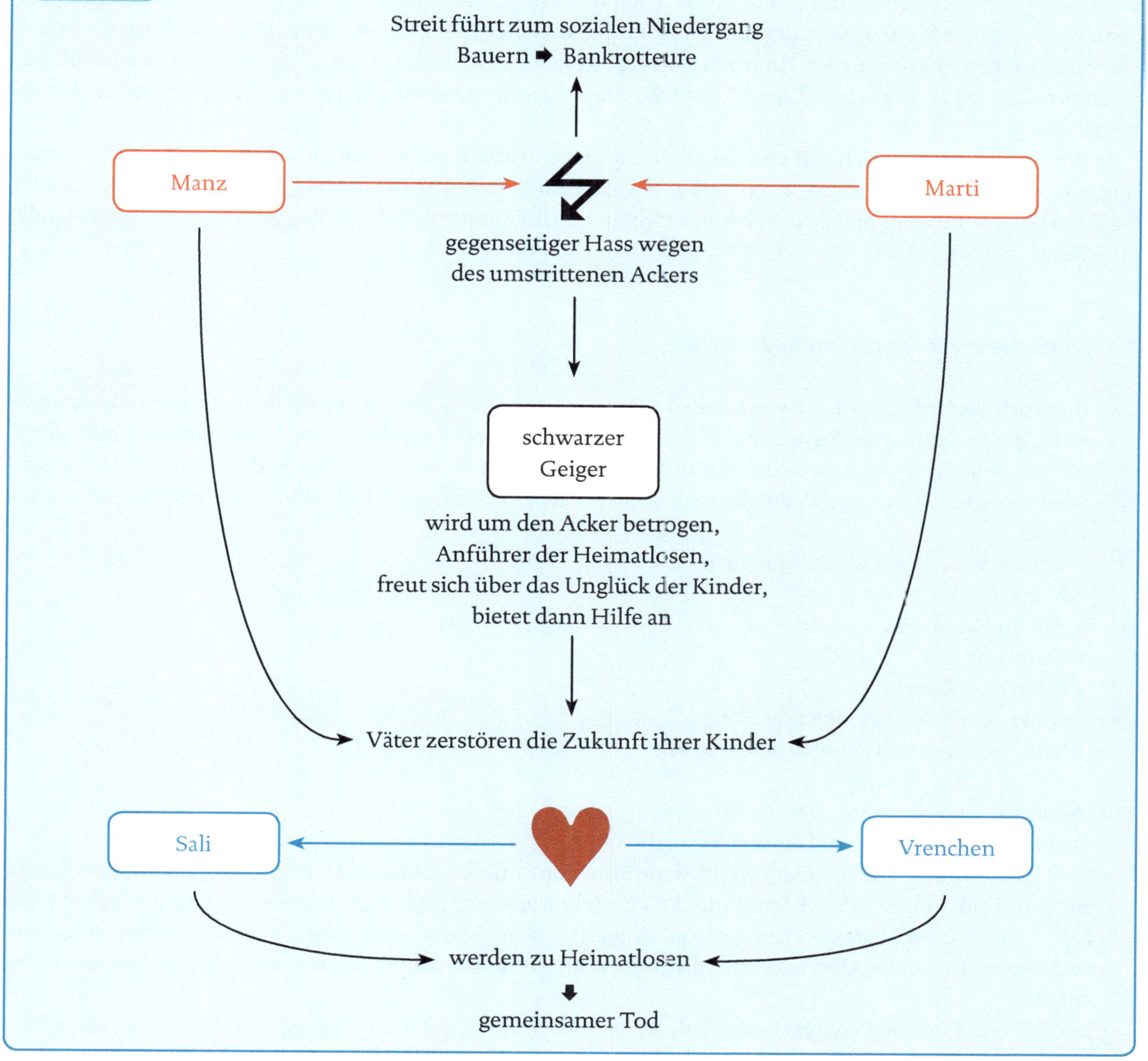

Streit führt zum sozialen Niedergang
Bauern ➡ Bankrotteure

Manz → ϟ ← Marti

gegenseitiger Hass wegen
des umstrittenen Ackers

↓

schwarzer Geiger

wird um den Acker betrogen,
Anführer der Heimatlosen,
freut sich über das Unglück der Kinder,
bietet dann Hilfe an

↓

Väter zerstören die Zukunft ihrer Kinder

Sali ← ♥ → Vrenchen

werden zu Heimatlosen
⬇
gemeinsamer Tod

7.2 Erarbeitung: Das Verhalten der Väter und die Konsequenzen für die Kinder

Unterrichtsschritt. Die Schülerinnen und Schüler erhalten das ARBEITSBLATT 7 ***Manz und Marti – Sali und Vrenchen***, das sie anhand der Leitfragen in Einzelarbeit erschließen sollen. Die Texte sind auch in der Ausgabe *Romeo und Julia auf dem Dorfe*, Reclam XL, S. 89–92, enthalten. Wird die Ausgabe verwendet, können die Arbeitsfragen an die Tafel geschrieben werden. Wenn alle fertig sind, werden die Ergebnisse ins Unterrichtsgespräch eingebracht. Das Beziehungsgeflecht der wichtigen Personen sowie ihre soziale Stellung und Entwicklung werden im TAFELBILD 7a gesichert und mitgeschrieben.

EA / UG

ARBEITSBLATT 7
➤ S. 46

TAFELBILD 7a
➤ S. 43

Erläuterungen zum ARBEITSBLATT 7 .

1. Welche Ursachen sehen die Autoren dafür, dass die beiden ihre Familien ruinieren? Als Gründe werden ihre Profitgier sowie ein falscher Begriff von Ehre genannt. Doch die Angst, sich vor den anderen lächerlich zu machen, macht sie erst recht zum Gespött, weil sie in sturer Rechthaberei um ein kleines Stück Acker kämpfen, dessen Wert den ganzen finanziellen Aufwand für den Rechtsstreit nicht rechtfertigt. Ihnen ist völlig die Fähigkeit abhandengekommen, sich in die Gedankenwelt des Gegners hinzuversetzen, den sie jeweils als die alleinige Ursache allen Unglücks ansehen, während sie nur um ihr gutes Recht zu kämpfen glauben.

2. Welche Folgen hat das Verhalten der Väter für ihre Kinder? Das von den Vätern verursachte materielle und moralische Elend sowie die Erinnerung an das scheinbare Glück ihrer Kinderzeit machen Sali und Vrenchen eine gemeinsame Zukunft unmöglich. Sie können sich nicht aus einer Familiengeschichte lösen, die durch die Schuld der Väter auf den vollkommenen Ruin zusteuert, obwohl sie sich eigentlich eine Lebenssituation wie vor dem Streit um den Acker wünschen. Eine bürgerliche Ehe in geordneten wirtschaftlichen Verhältnissen ist ihr Lebenstraum.

3. Warum entscheiden sich Sali und Vrenchen dafür, gemeinsam in den Tod zu gehen? Die erotische Anziehung strebt nach Liebeserfüllung, die für sie aber eigentlich untrennbar mit der bürgerlichen Ehe verbunden ist. Da diese Ehe für sie nicht möglich ist, können sie nur im gemeinsamen Tod den Wunsch, für immer zueinander zu gehören, verwirklichen.

7.3 Szenische Vertiefung: Standbilder bauen

GA / UG

Unterrichtsschritt. Die Klasse wird in sechs Gruppen aus jeweils drei bis vier Personen eingeteilt. Aufgabe ist es, die Beziehung der Figuren der Novelle sowie deren wesentliche Eigenschaften in ein Standbild umzusetzen. Grundlage dafür ist eine frei wählbare Szene aus der Novelle. Es soll von der Lehrkraft deutlich gemacht werden, dass gegebenenfalls auch weitere Nebenfiguren in das Standbild mit eingezogen werden können.

Folgende Gruppen werden gebildet:

- Manz und Marti
- Sali und Vrenchen
- Manz und Sali
- Marti und Vrenchen
- Manz, Marti und der schwarze Geiger
- Sali, Vrenchen und der schwarze Geiger

Erläuterungen. Zum Verfahren vgl. die Erläuterungen zu 5.3, S. 62.

Zum Inhalt und Ergebnis der Standbilder:

- Bei Manz und Marti bieten sich verschiedene Situationen für das Standbild an, z. B. das gemeinsame Ackern auf dem Feld (vgl. S. 3 f.), der Streit um das abgeschnittene Eck (vgl. S. 12–15) oder die Begegnung am Fluss (vgl. S. 27–30). Als Charaktereigenschaften können die sture Rechthaberei, die die Schuld allein beim Gegner sucht, der gegenseitige Hass oder auch die Angst, zum Gespött der anderen zu werden, herausgearbeitet werden.
- Bei Sali und Vrenchen können eine Kinderszene (vgl. S. 7–10), der Kampf auf der Brücke (vgl. S. 27–30), der Verkauf von Vrenchens Bett (vgl. S. 52–57) oder die gemeinsame Wanderschaft (vgl. S. 57–61) verwendet werden. Im Mittelpunkt steht auf jeden Fall die gegenseitige Zuneigung.
- Bei Manz und Sali bietet sich neben dem Kampf auf der Brücke (vgl. S. 27–30) auch der Abschied am letzten Morgen an, als ihm der Vater einen Gulden schenken möchte (S. 50–52). Dabei könnte das zwiespältige Verhältnis Salis zum Vater im Mittelpunkt stehen.
- Bei Marti und Vrenchen könnte man eine der Szenen auswählen, bei denen Vrenchen unterdrückt oder Opfer väterlicher Gewalt wird (vgl. etwa S. 18 f.). Sie ist das Opfer, während der Vater an ihr seine Aggression abreagiert.
- Für die Gruppe mit Manz, Marti und dem schwarzen Geiger kommt nur die Szene in Frage, in der die beiden sich einig sind, den Wunsch des Geigers, ihn als Erben zu bestätigen, zurückzuweisen (vgl. S. 6 f.).
- Für die Konstellation Sali, Vrenchen und schwarzer Geiger muss man sich zwischen der Begegnung auf dem Feld (vgl. S. 36–38) oder dem Zusammentreffen im Paradiesgärtchen (vgl. S. 69, 72–74) entscheiden, bei denen sich der Geiger einmal abweisend und einmal freundlich verhält.

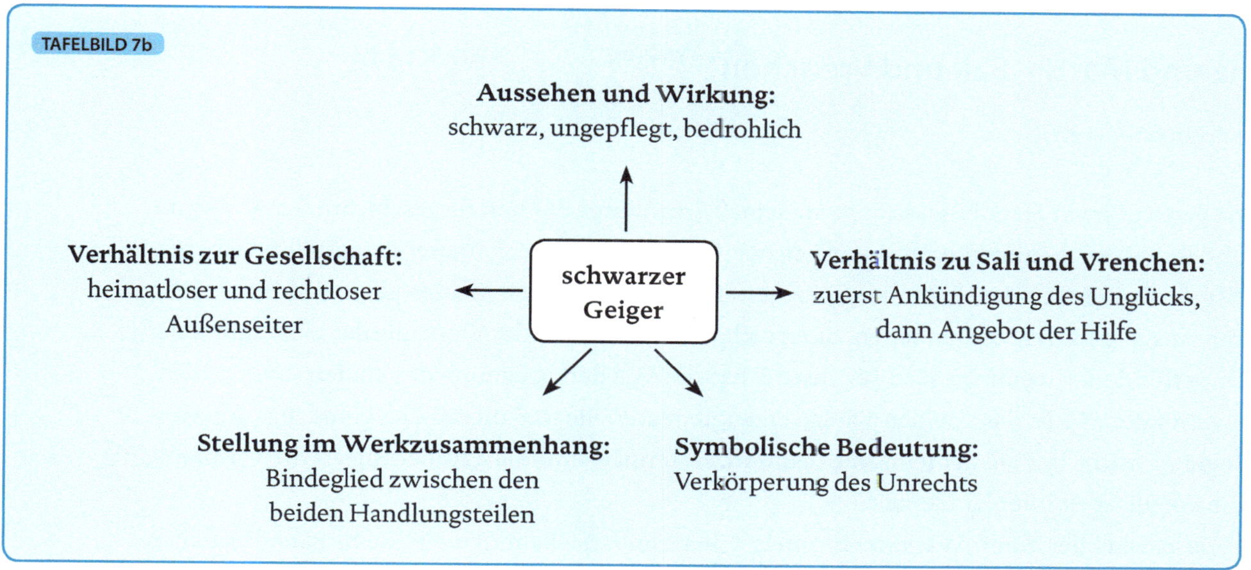

7.4 Inhaltliche Vertiefung: Der schwarze Geiger (fakultativ)

Unterrichtsschritt. Im Unterrichtsgespräch wird zusammengetragen, was bisher zum schwarzen Geiger erarbeitet worden ist. Dabei sollen sowohl äußere Merkmale als auch sein Charakter sowie seine soziale Stellung in den Blick genommen werden. Ziel ist eine vertiefte Charakterisierung, deren Ergebnisse ebenfalls in TAFELBILD 7b festgehalten werden.

UG

TAFELBILD 7b

➤ S. 45

Erläuterungen. Auch wenn er nur selten direkt in Erscheinung tritt, ist der schwarze Geiger eine zentrale Figur der Novelle. Im Hintergrund ist er eigentlich immer anwesend, er wird auch oft erwähnt, wenn er nicht anwesend ist. Die Väter verwehren ihm das Heimatrecht und damit das Erbe, den Acker, d. h. auch jede Zukunftsperspektive, wie z. B. die Auswanderung. Dieses Unrecht löst den Konflikt aus, der zum Niedergang der Familien Manz und Marti führt. Der schwarze Geiger wird zum einen individuell gestaltet und ist zugleich auch typisch für die Heimatlosen; er hat aber keinen Namen. Auf die Kinder der beiden Bauern wirkt er anfangs bedrohlich. Das liegt an seinem plötzlichen Erscheinen, an der ungepflegten und düsteren Erscheinung sowie der anormalen Nase. Diese hat aber auch eine erzählerische Bedeutung, denn sie ist der unzweifelhafte Beweis seiner Abstammung. Mit der Verweigerung des Erbes wird der Geiger auch zu einem Symbol. Er ist das Opfer einer ungerechten Gesellschaftsordnung und der Habgier der Besitzenden. Bei der ersten Begegnung macht er den Kindern die Schuld der Väter bewusst, er sagt ihnen ihr Unglück voraus. Später bietet er ihnen seine Hilfe an. Damit wird er auch zu einem Bindeglied zwischen den beiden Novellenteilen, der Geschichte der Väter und der dann folgenden Geschichte der Kinder.

Manz und Marti – Sali und Vrenchen

Thomas Koebner (1990):

»Keller verfolgt zwei Handlungsstränge in seiner Erzählung: die Verfallsgeschichte der Väter, die sich und ihre Familie ruinieren; die vergleichsweise kurze, wenn auch breiter dargestellte Liebesgeschichte der beiden Kinder, die in langsam gesteigerter Sinnlichkeit, Ratlosigkeit und Not keinen anderen Ausweg als das Sterben sehen. Es ist nicht die Feindschaft der Väter, die das Liebesglück der Kinder verhindert – wenn sie auch für neun Jahre die Wiederbegegnung der beiden jungen Menschen verhindert. Es ist das von den Vätern erzeugte materielle und moralische Elend, das den Kindern eine Aussicht in eine gemeinsame Zukunft verrennt – und die Erinnerung an die verlorene, scheinbar heile Welt ihrer Kinderzeit.

Zur Geschichte der Väter: Was um Himmels willen treibt die Bauern in den selbstzerstörerischen Wahn hinein, jeder von ihnen sei angeblich der Übervorteilte? – Der verschiedentlich in der Forschung unternommene Versuch […], die reale Situation von Manz und Marti mit den ökonomischen Verhältnissen der Zeit in Einklang zu bringen, stellt eine plausible Annäherung dar. Es handelt sich aber nicht nur um einen Streit, der dem Eigentum gilt. Der Streitwert verringert sich beträchtlich, am Ende wird nur noch um ein kleines Dreieck des Ackers gekämpft. Wesentlicher als der wirtschaftliche ist der psychologische Konflikt. Manz zum Beispiel entwickelt ein peinliches Gefühl für Symmetrie – um, das wird angedeutet, sein Schuldgefühl durch Begradigungen zu verdecken. Er fürchtet, so äußert er, das Gespött der Leute. Tatsächlich aber wird er erst als Prozeßhansel wie sein Gegenspieler Marti zur lächerlichen und verhöhnten Person. Der nicht zu hemmende Trieb beider Bauern, sich dadurch zu ruinieren, daß sie auf ihrem Rechtsstandpunkt beharren, erinnert in manchem an Michael Kohlhaas, die Figur aus Heinrich von Kleists Erzählung. Nicht allein die Profitgier verdirbt die Bauern, sondern ebenso ihr falsches Selbstgefühl, ihre ›Ehre‹, ihre Unfähigkeit, den Standpunkt des anderen in Gedanken wenigstens einzunehmen, ihre unversöhnliche Hartnäckigkeit und vor allem ihre Bereitschaft, die Ursache für das Unglück nur beim Gegner zu suchen. Sie selbst halten sich, jedenfalls ist ihnen anderes nicht bewußt, für schuldlos. So wird der andere zum eigentlichen Übeltäter, der das ganze Elend zu verantworten habe, das einen selbst überwältigt. Manz und Marti sind Narren der Uneinsichtigkeit, völlig außerstande, Distanz zu sich selber einzunehmen, Prinzipienreiter, verbohrt in die Auffassung, nur ihnen sei Unrecht widerfahren, nur sie selbst seien gekränkt worden. Sie sind im übertragenen Sinne Blinde, die ihre gemeinsamen Interessen oder ihr gemeinsames Unglück nicht wahrnehmen und so einen erbärmlichen und fruchtlosen Zweikampf austragen, bei dem sie sich nur selber schädigen. Weil Keller die Entwicklung ihres selbsterzeugten moralischen und ökonomischen Zusammenbruchs eben nicht als Zeugnis für den zeitgenössischen Pauperismus, die unverschuldete Verarmung von Menschen in der sich industrialisierenden Gesellschaft begreift, wählt er konsequent Bilder für diesen Vorgang, die den Ruin in skurril-beängstigende Unterwelt-Szenen übersetzen […]: ›[…] ihr Leben glich fortan der träumerischen Qual zweier Verdammten, welche, auf einem schmalen Brette einen dunklen Strom hinabtreibend, sich befehden, in die Luft hauen und sich selber anpacken und vernichten, in der Meinung, sie hätten ihr Unglück gefasst‹ (S. 16).

Die Angst des Manz, die anderen könnten sich über ihn belustigen, er würde beispielsweise wegen seiner Nachgiebigkeit einen Spitznamen erhalten, seine kuriose Sorge um gerade Linien und penible Symmetrie, diese scheinbare Überkorrektheit weist ihn als außengeleiteten und zugleich schuldverdrängenden Menschen aus, als mürrisch-hochfahrenden Mann, der von Ideen des endgültigen triumphalen Sieges bezaubert ist, ohne zu merken, daß er dabei unablässig an Substanz verliert. Nicht von ungefähr werden beide Bauern in der Phase ihres Niedergangs zu Lotteriespielern. Der Traum vom unverhofften (auch unverdienten) Zugewinn verdrängt die letzten Reste realer Lebenstüchtigkeit. Es sind unrealistische Menschen, Glücksjäger und dadurch tragikomische Narren.

Zur Geschichte der Liebenden: Kellers Anatomie [hier: Bauprinzip] fortzeugender Verderbnis und Schuld sperrt sich dagegen, die folgende Generation in den Stand der Unschuld zurückzuversetzen. Der Erzähler entläßt die Kinder dieser Väter (von den Müttern ist weniger die Rede, allenfalls von der aufgeblasenen Mutter des Sali) nicht aus der Familiengeschichte, auch an ihnen wird der Zerfall des Hauses sichtbar.«

Thomas Koebner: Gottfried Keller: *Romeo und Julia auf dem Dorfe.* Die Recherche nach den Ursachen eines Liebestods. In: Interpretationen. Erzählungen und Novellen des 19. Jahrhunderts. Bd. 2. Stuttgart: Reclam, 1990. S. 203–234, hier: S. 212–215.

Gert Sautermeister (1971):

»Vom ersten Augenblick an, da Romeo und Julia, er zwanzig, sie achtzehn Jahre zählend, sich wiedersehen, hat Keller aus der Idee der Ehe das Schicksal der Liebenden entfaltet. Das Eingedenken des entschwundenen Glücks der Eltern verwandelt sich ihnen, den Verarmten, Verstoßenen, in das Traumbild eines dauerhaften bürgerlichen Lebens zu zweit. Und je gebieterischer dieses Traumbild an sie heranrückt, um so stärker schlägt die Leidenschaft über ihnen zusammen. Im Schutze einer Idee, die zwei Menschen füreinander bestimmt und einen zum ›Eigentümer‹ des anderen macht, erwacht erst deren ganzer Eros. Wie Sali zum erstenmal das Mädchen seine künftige Frau nennt, dann Vrenchen phantasievoll vor einer älteren Freundin eine Ehe mit Sali vorspielt, eine Wirtin die beiden auf ihrem Gang durch das Land als Brautleute willkommen heißt, wie schließlich der schwarze Geiger ihnen symbolisch zur Hochzeit aufspielt: Das sind die vom Erzähler unauffällig in den Gang der Handlung eingetragenen Stufen, auf denen sich seine beiden Personen zusehends, ihre Scheu vergessend, in ihre Passion [hier: Leidenschaft] und ihre Vereinsamung verirren. [...] Von da führt nur der Weg in den Tod. Denn die physische Vereinigung – unabweisbar geworden mit der Idee bürgerlicher Glückserfüllung – ist denen, die in der bürgerlichen Welt kein Lebensrecht haben, nur im Zeichen des Abschieds von der Welt gestattet. Von einem Schiff, auf dem sie in später Nacht Hochzeit halten, gleiten ihre Körper frühmorgens in die eiskalten Fluten.

Im dialektisch [in Gegensätzen] verklammerten Schicksal der Väter und der Kinder hat Keller kritisch Lebensbedingungen der bürgerlichen Gesellschaft entworfen. Drehen sich die Väter wie besessen in dem Kreis, den ihnen ihr ökonomisches Privatinteresse vorzeichnet, so treten die Kinder, die Schranken des Ichs durchbrechend, in den äußersten Gegensatz zu ihnen: in die rückhaltlose Selbstentäußerung. Weil ihre Väter ihnen den ›guten Grund und Boden‹ zur Ehe entzogen haben, werden sie fähig, ihr einziges Eigentum, Eros und Hingabe, uneingeschränkt füreinander zu entfalten, aber auch genötigt, die unabweisbare faszinierende Idee der Ehe, des dauerhaften Zueinandergehörens, wenigstens durch den Tod zu verwirklichen. Keller läßt durchblicken, wie Öffentlichkeit und gesellschaftliche Norm das Privateste und Intimste bedingen und durchdringen [...].«

Gert Sautermeister: Romeo und Julia auf dem Dorfe. In: Kindlers Literatur-Lexikon. Bd. 6. München Kindler, 1971. Sp. 489 f.

Arbeitsaufträge:

1. Welche Ursachen sehen die Autoren dafür, dass die beiden Bauern ihre Familien ruinieren?
2. Welche Folgen hat das Verhalten der Väter für ihre Kinder?

*3. Warum entscheiden sich Sali und Vrenchen dafür, gemeinsam in den Tod zu gehen?

8 Erzählstrategien des Autors analysieren

Sachanalyse

Vordergründig handelt es sich bei *Romeo und Julia auf dem Dorfe* um eine Novelle mit einer interessanten Handlung, die den Leser menschlich berühren kann. Wer den Text aber genauer untersucht, merkt, wie kunstvoll der Autor sein Werk gestaltet hat. Vieles, was konkret sichtbar und greifbar ist, hat neben dieser realen Bedeutung noch eine über diese hinausgehende symbolische Ebene. So erscheint der Acker anfangs als ein Ort der Stabilität, wird aber dann zu einem Symbol des unerbittlichen Streits. Der Steinhaufen auf dem abgeschnitten Dreieck des strittigen Felds wird zudem zu einem zentralen Dingsymbol. Zugleich ist dieser Acker auch der Ort, wo die Zuneigung der Kinder beginnt und wo sie nach dem Kampf der Väter auf der Brücke wieder zueinanderfinden. Der Steinhaufen ist nicht nur das Symbol für das Unrecht der Väter. Genau von diesem Steinhaufen nimmt Sali den Stein, mit dem er auf Vrenchens Vater einschlägt und sich damit an ihm schuldig macht. Das Unrecht der Väter hat Konsequenzen für die nächste Generation, und diese Generation ist nicht nur Opfer des Unrechts.

Wasser, genauer Fluss und Bach, steht zugleich für Trennendes und Verbindendes: Am Bach entlädt sich der Hass der Väter. Die Brücke überbrückt die Trennung im Schlechten wie im Guten: Sie ist der Ort, an dem die Unversöhnlichkeit der Väter zu einem letzten Kampf führt, aber zugleich auch der Ort, wo sich Sali und Vrenchen nach Jahren der Entfremdung wieder bewusst wahrnehmen, also der Beginn ihres neuen Zueinanderfindens. Der Fluss ist der Ort ihrer Hochzeitsnacht und ihres bewusst gesuchten gemeinsamen Tods.

Das eigene Haus, das für Heimat, Ehrbarkeit und Geborgenheit steht, ist für beide verloren. Vrenchen muss das Elternhaus verkaufen. Sali wohnt zwar in der Stadt in einem Haus, aber es gleicht einer »Räuberhöhle« (S. 23). Bei ihrer Wanderung suchen sie gute Gasthäuser auf, denn dort fühlen sie sich wohl. Als Ausdruck dieser Sehnsucht nach Bürgerlichkeit schenkt Sali der Geliebten ein Haus aus Lebkuchen.

Im Wetter spiegelt sich das Geschehen der Novelle symbolisch: Als die beiden Bauern noch in friedlicher Nachbarschaft ihre Äcker bestellen, herrscht sonniges Wetter. Bei ihrem wütenden Streit auf der Brücke fängt es dagegen zu blitzen und zu donnern an. Aus den »grauschwarzen Wolken« über der Szene fallen »schwere Regentropfen«. Ein heller »Wolkenriss« erhellt die Begegnung, der sich erst wieder schließt, als die beiden Streithähne mit ihren Kindern wieder ihrer Wege gehen (S. 28–30). Als sich dann Sali auf den Weg zu Vrenchen macht, scheint die Sonne »warm und hell« (S. 32). Beim Warten auf Vrenchen nimmt er die »prächtige stille Julisonne, die fahrenden weißen Wolken« (S. 36) wahr. Auch bei ihrer gemeinsamen Wanderung am letzten Tag stand »keine Wolke [...] am Himmel« (S. 58). Die Natur hat also keinen Einwand gegen das Zusammensein und den von beiden gewählten gemeinsamen Tod.

Die ganze Novelle ist aus der Perspektive eines auktorialen Erzählers geschrieben, der sich am Anfang und am Ende direkt an den Leser wendet, der das weitere Schicksal der beiden Väter und ihrer Kinder kennt und auch schon vorher andeutet. Die erzählte Zeit, die etwa 14 Jahre umfasst, wird ganz verschieden gewichtet. Einzelne Tage im Leben der Figuren werden sehr genau dargestellt. So wird am Anfang ein halber Tag auf den Äckern sehr ausführlich beschrieben, um den scheinbar harmonischen Ursprungszustand zu beschreiben, wobei aber schon angedeutet wird, dass sich hinter der gutbürgerlichen Fassade Habgier und Herzlosigkeit verbergen. Die Zeit der Kindheit von Sali und Vrenchen und das Entstehen ihrer Liebe trennt ein Zeitsprung von etwa 13 Jahren. Nur der Tag der Versteigerung und ein Tag des Unkrautjätens werden breiter dargestellt. Die erneute Begegnung von Sali und Vrenchen und der verhängnisvolle Steinschlag nehmen im Kern nur einen Tag in Anspruch. Dann erfolgt noch einmal ein kleiner Zeitsprung von etwa sechs Wochen. Die letzten beiden Tage des Liebespaares bilden den Mittelpunkt der Novelle, denn fast die Hälfte des Textes befasst sich mit diesem letzten gemeinsamen Tag und dem Tod des Liebespaares.

Unterrichtsverlauf

Überblick. Am Anfang der Stunde muss der Begriff des »Symbols« erklärt oder noch einmal verdeutlicht werden, denn dass reale, sichtbare und greifbare Dinge eine weitere Bedeutung haben können, die über diese reale Ebene hinausgeht, ist das zentrale Thema der Stunde. Im Mittelpunkt steht die arbeitsteilige Gruppenarbeit am Text, mit der die Schülerinnen und Schüler selber erkennen und erklären, welche symbolischen Bedeutungen vom Autor angelegt sind und wie sich diese Symbole im Lauf der Erzählung auch entwickeln und verändern. Zusätzlich kann noch anhand der Zeitstruktur der Novelle die Erzähltechnik des Autors untersucht werden. **! Verkürzter Verlauf: 8.1 – 8.2 – 8.4**

Phase	Thema	Sozialform	Kompetenzen und Lernziele	Materialien
Voraussetzungen: Kenntnis der gesamten Novelle				
8.1	Einstieg mit Impulsfrage	UG	• Kenntnisse zu einem wichtigen Fachbegriff wiederholen	
8.2	Erarbeitung: Die Symbolik in der Novelle	GA / UG	• Erkennen und erarbeiten, dass viele Elemente der Novelle eine symbolische Funktion haben • Bedeutung der Symbolik für die Interpretation der Novelle verstehen	VORLAGE 8 ➤ S. 50
8.3 fakultativ	Vertiefung: Die Bildersprache der Novelle	GA / UG	• Genaue Analyse von Auszügen aus der Sekundärliteratur anhand von Leitfragen • Bezüge zum christlichen Glauben und zu mythologischen Texten erkennen und verstehen • Rolle und Bedeutung des schwarzen Geigers in der Novelle besser verstehen	ARBEITSBLATT 8a ➤ S. 53
8.4	Zusammenfassung und Sicherung des Erarbeiteten	UG	• Erworbene Kenntnisse ins Unterrichtsgespräch einbringen • Wichtige Elemente der sprachlichen und erzählerischen Gestaltung verstehen und formulieren	TAFELBILD 8 ➤ S. 52
8.5 fakultativ	Vertiefung: Erzählte Zeit und Erzählzeit in der Novelle	PA / UG	• Die Fachbegriffe »Erzählzeit« und »erzählte Zeit« erklären und anwenden können • Die Zeitstruktur der Novelle erarbeiten und deuten	ARBEITSBLATT 8b ➤ S. 54

8.1 Einstieg mit Impulsfrage

Unterrichtsschritt. Vor der Beschäftigung mit dem Text soll mit Hilfe einer Impulsfrage – »Was ist ein Symbol?« – geklärt werden, dass man unter einem Symbol einen sinnlich wahrnehmbaren Gegenstand versteht, der im Textzusammenhang eine wichtige Rolle spielt, aber zugleich über sich hinausweist. Der konkrete, sichtbare Gegenstand steht also zugleich für etwas Allgemeines. Diese zusätzliche abstrakte Bedeutung ist für die inhaltliche Interpretation von entscheidender Wichtigkeit. UG

8.2 Erarbeitung: Die Symbolik in der Novelle

GA / UG

Unterrichtsschritt. Die Klasse wird in acht Gruppen unterteilt und soll auf der Grundlage des Arbeitsauftrags in der VORLAGE 8 ***Symbolik in »Romeo und Julia auf dem Dorfe«*** die Symbolik in dem zugewiesenen Textabschnitt untersuchen. Dabei muss vorher deutlich gemacht werden, dass in den ausgewählten Abschnitten natürlich nicht zu jedem Begriff etwas zu finden ist. Bei der Auswertung im Unterrichtsgespräch sollte die Lehrkraft nicht die Gruppen der Reihe nach aufrufen, sondern jeweils eines der fünf Themen in den Mittelpunkt stellen und anhand der Gruppenergebnisse erarbeiten, wie sich die Symbolik im Verlauf der Hand-

VORLAGE 8
➤ S. 50

lung entwickelt und was man daraus für die Interpretation ableiten kann. Da man der Gruppenarbeit natürlich nicht den ganzen Text zugrunde legen kann und symbolische Bedeutungen den ganzen Text durchziehen, können weitere passende Stellen noch von der Lehrkraft oder von den Schülerinnen und Schülern ergänzt werden.

Im Unterrichtsgespräch führt die Lehrkraft abschließend den Begriff des »Dingsymbols« als typisches Merkmal einer Novelle ein. Als Dingsymbol bezeichnet man Gegenstände, Tiere oder Pflanzen, die immer wieder an Schlüsselstellen des Geschehens auftauchen. Sie sollen Sinnzusammenhänge verdeutlichen oder das Kernproblem in den Mittelpunkt rücken, hier den mittleren Acker mit dem Steinhaufen. Ausgangspunkt dafür kann die Frage nach dem wichtigsten Symbol sein.

VORLAGE 8

Symbolik in *Romeo und Julia auf dem Dorfe*

Arbeitsauftrag:
Überlegt gemeinsam, welche symbolischen Bedeutungen in dem von euch untersuchten Textabschnitt mit folgenden Gegenständen bzw. Eigenschaften verbunden sind:

- Mittlerer Acker mit dem Steinhaufen
- Wasser (Bach, Fluss)
- Häuser
- Wetter
- Farben

Textstellen für die Gruppenarbeit:

1. Die Eingangsszene (S. 3–5)
2. Die Versteigerung des Ackers (S. 12–15)
3. Manz verkauft und geht nach Seldwyla (S. 21–23)
4. Der Streit auf der Brücke (S. 27–30)
5. Die Begegnung mit dem schwarzen Geiger (S. 36–38)
6. Der Verkauf der letzten Habseligkeiten (S. 54–57)
7. Auf der Kirchweih (S. 64–66)
8. Der Zug über die Felder (S. 75–77)

Erläuterungen zu VORLAGE 8.

- Mittlerer Acker mit dem Steinhaufen: Der mittlere, schon lange brachliegende Acker wird schon auf der ersten Seite als mit Steinen bedeckt beschrieben. Dass die Kleidung der beiden Bauern wie in Stein gemeißelt aussieht, weist bereits auf ihre Halsstarrigkeit voraus. Der Streit entzündet sich an einem Dreieck, das Marti vor der Versteigerung noch abgeschnitten hat (vgl. S. 12 f.). Auf dieses Stückchen, das zentrale Dingsymbol der Novelle, lässt Manz alle gesammelten Steine aus dem mittleren Acker abladen (vgl. S. 15). Auf diesem Acker kommen sich Sali und Vrenchen nach Jahren wieder näher (vgl. S. 40–42), auf den aufgehäuften Steinen steht der schwarze Geiger, als er zu ihnen spricht (vgl. S. 36–38) und auch als er ihnen an ihrem letzten Tag zu ihrer Hochzeit geigt (vgl. S. 75). Diese letzte Szene auf dem Acker wirkt aber gespenstisch, denn sie erinnert den Erzähler an den »Blocksberg« (S. 75) der Hexen. Somit ist der Acker insgesamt der Ort, »von dem alles Unheil herkam« (S. 33), ein Symbol des Unrechts, der Unversöhnlichkeit, der Gewalt und auch der tödlich endenden Liebe.
- Wasser (Bach, Fluss): Die Äcker liegen an dem »schönen Fluss« (S. 3). Der Bach, an dem sich die beiden Bauern streiten, wird dagegen als tief und reißend beschrieben (vgl. S. 27) und weist damit auf drohende Gefahr hin. Er ist somit auch ein Zeichen für den wirtschaftlichen Ruin der beiden Bauern. Als Sali und Vrenchen aber gemeinsam über die beiden Äcker laufen, wird wieder vom glänzenden und blauen Fluss gesprochen (vgl. S. 36). Mit dem Wasser sind von nun an keine negativen Konnotationen mehr verbunden. So rauscht der Fluss »sacht und lieblich« (S. 76), nachdem sie den Hochzeitszug der Heimatlosen verlassen haben. Auch als die beiden dann auf dem Heuschiff den Fluss hinunterfahren, wirkt er ganz ruhig (vgl. S. 79).

- Häuser: Die Eingangsszene spricht von großen Bauernhöfen (vgl. S. 3). Manz und Marti gehören schließlich »zu den besten Bauern des Dorfes«, wie bei der Versteigerung betont wird (S. 12). Diesen stattlichen Hof muss Manz verkaufen und pachtet dafür ein kleines Gasthaus in einem schlechten Gässchen. Der Vergleich mit einer »Räuberhöhle« (S. 23) deutet schon an, welchen Weg der nun unbehauste Manz gehen wird. Am Haus hängt damals die ganze Ehrbarkeit, wie besonders deutlich wird, als Vrenchen der Bäuerin vorspielt, dass sie sich dank eines Lotteriegewinns ein großes Haus leisten können (vgl. S. 54 f.). In Wirklichkeit reicht es aber nur zum Kauf eines Lebkuchenhauses, das mit all den abgebildeten Klischees symbolisch für die tiefe Sehnsucht des Liebespaares steht (vgl. S. 64). Mit dem zerdrückten Lebkuchenhaus (vgl. S. 69) ziehen sie am Ende noch einmal an den verlorenen Vaterhäusern vorbei.
- Wetter: Die beiden Bauern arbeiten an einem »sonnigen Septembermorgen« (S. 3). Mensch und Natur scheinen in vollem Einklang zu sein. Während des Streits auf der Brücke bestimmen »grauschwarze[] Wolken mit dumpfem Grolle« (S. 28) die Szenerie, gleichsam als Kritik an dem Verhalten der beiden Bauern. Als Sali und Vrenchen über die Äcker laufen, scheint dagegen wieder »die prächtige stille Julisonne« und ziehen die »weißen Wolken« am Himmel (S. 36). Auch an ihrem letzten Lebenstag, einem »schöne[n] Sonntagmorgen im September« (S. 58), steht keine Wolke am Himmel. Der Moment, als sie aus dem Leben scheiden, wird vom Mondlicht beschienen, das am Ende »rot wie Gold« (S. 79) glänzt. Damit wird ein bewusster Bezug zur Eingangsszene hergestellt, in der von einer »stillen goldenen Septembergegend« (S. 4) gesprochen wurde, zugleich aber auch ein Kontrast zwischen warmer Mittagszeit zu Beginn der Novelle und dem »Frost[] des Herbstmorgens« (S. 79) am Ende.
- Farben: Die Landschaft erscheint anfangs golden (vgl. S. 4), was Harmonie zwischen Mensch und Natur ausdrücken soll. Der grün bemalte Kinderwagen (vgl. ebd.) deutet an, dass die beiden Kinder voll Hoffnung auf ihr weiteres Leben schauen können, denn alles scheint wohlgeordnet zu sein. Bei der Beschreibung des Gasthauses in Seldwyla wird betont, dass die Möbel ihre rote Farbe verloren haben, ein Zeichen, dass es im Haus keine Liebe mehr gibt (vgl. S. 22). Das Tuch, das Sali von seiner Mutter bekommt und am letzten Tag trägt, hat allerdings einen roten Rand (vgl. S. 51). Der bewachsene Steinhaufen, wo er und Vrenchen dem schwarzen Geiger begegnen, ist dank der Mohnblumen und Klatschrosen »feuerrot« (S. 37), als in den beiden die leidenschaftliche Liebe zueinander wächst. Vrenchen flicht sich (wie am Anfang der Novelle an gleicher Stelle der Puppe, mit der Sali und Vrenchen als Kinder spielen, vgl. S. 7) einen Kranz aus den roten Mohnblumen, der herunterfällt, als sie vom Vater geschlagen wird (vgl. S. 40, 42 f.), da er diese Liebe ablehnt. Zugleich gelten die roten Mohnblumen aber auch als Todessymbol. Bevor sie ins Wasser gleiten, legt der Mond »eine glänzende Bahn den Strom hinaus« (S. 79).

8.3 Vertiefung: Die Bildersprache der Novelle (fakultativ)

Unterrichtsschritt. Die Schülerinnen und Schüler erhalten das ARBEITSBLATT 8a ***Die Bildersprache der Novelle: der schwarze Geiger***, das sie anhand der Leitfragen in Einzelarbeit erschließen sollen. Der Text ist auch in der Ausgabe *Romeo und Julia auf dem Dorfe*, Reclam XL, S. 93 f., enthalten. Wird die Ausgabe verwendet, können die Arbeitsfragen an die Tafel geschrieben werden. Wenn alle fertig sind, werden die Ergebnisse ins Unterrichtsgespräch eingebracht.

EA / UG

ARBEITSBLATT 8a

➤ S. 53

Erläuterungen zum ARBEITSBLATT 8a. Der schwarze Geiger erinnert bei seinem Zug durch die Landschaft an Dionysus, dem zu Ehren ausgelassene Feste gefeiert wurden, die von übermäßigem Alkoholgenuss, sexuellen Ausschweifungen und kultischen Elementen geprägt waren (Bacchanalien). Die Darstellung der Weinreben im Paradiesgärtlein (vgl. S. 68) weist genauso auf den Gott des Weines hin wie die Trauben an den Schläfen eines der Mädchen (vgl. S. 70).

Der schwarze Geiger wird als jemand gesehen, der zum Totentanz aufspielt und damit die Macht des Todes über den Menschen bewusst macht. Das Motiv des Menschen, der sich noch einmal vergnügen möchte, bevor er aus dem Leben scheidet, passt ja auch genau zu Sali und Vrenchen.

Dem Erzähler geht es nicht darum, den schwarzen Geiger und seine Wirkung auf Sali und Vrenchen zu dämonisieren. Es soll nur die zunehmende Leidenschaftlichkeit der beiden erklärt und verdeutlicht werden.

8.4 Zusammenfassung und Sicherung des Erarbeiteten

UG

TAFELBILD 8
➤ S. 52

Unterrichtsschritt. Im Unterrichtsgespräch werden die symbolischen Aspekte der konkreten Begriffe noch einmal zusammengefasst und in ihrem Beziehungsgeflecht verdeutlicht. Die Ergebnisse werden an der Tafel gesichert und mitgeschrieben.

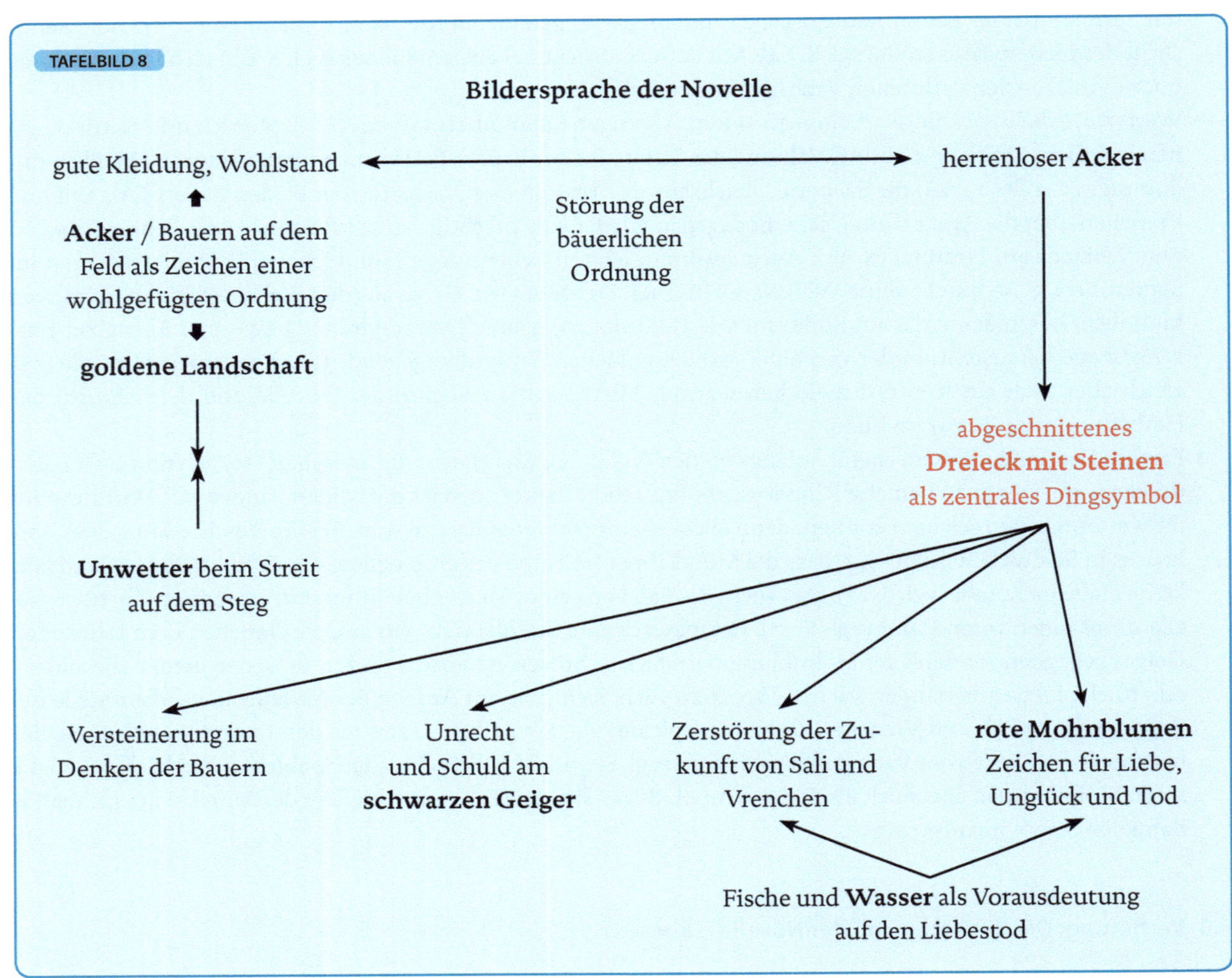

8.5 Vertiefung: Erzählte Zeit und Erzählzeit in der Novelle (fakultativ)

PA / UG

ARBEITSBLATT 8b
➤ S. 54
Lösungshinweis
➤ S. 86

Unterrichtsschritt. Vor dem Verteilen des ARBEITSBLATTS 8b ***Erzählte Zeit und Erzählzeit in der Novelle*** müssen die beiden Fachbegriffe entweder neu eingeführt oder wiederholt werden. Dann wird in Partnerarbeit die Struktur der Novelle erarbeitet. Es wird deutlich, welche Schwerpunkte der Autor bei seiner Erzählung setzen wollte.

Erläuterungen. Der Begriff »Erzählzeit« steht für die Zeit, die man zum Vorlesen eines epischen Werks braucht oder die man benötigt, um sich ein Hörbuch anzuhören. Die Dauer der Handlung in dem epischen Werk wird als »erzählte Zeit« bezeichnet. Zwischen den Teilen, die genauer erzählt werden, finden sich bei *Romeo und Julia auf dem Dorfe* häufig Zeitsprünge und Zeitraffungen. Eine Zeitdehnung ist nur bei der Beschreibung von Martis verfallenem Hof festzustellen.

ARBEITSBLATT 8a

Die Bildersprache der Novelle: der schwarze Geiger

In einer Untersuchung der Novelle von Thomas Koebner wird auf die Fülle von biblisch-christlichen und antik-mythologischen Anspielungen hingewiesen.

Der schwarze Geiger »an der Spitze des ausgelassenen Zuges, der über die nächtlichen Felder und Dörfer hinwegtollt«, erscheint als Symbol des Lebens und des Todes zugleich. Einerseits verkörpert er Dionysos an der Spitze eines Bacchantenzugs. (Als Bacchanten bezeichnete man in der griechischen und römischen Antike die Teilnehmer an den Bacchanalien, kultischen Orgien zur Feier des Dionysos, des Gottes des Weines, der Lebenslust, der Fruchtbarkeit und der – sexuellen – Ekstase.) Auf der anderen Seite erinnert der unheimliche Mann an das Motiv des zum Totentanz aufspielenden Musikanten. (Der Totentanz ist ein Bildtyp des späten Mittelalters, in dem der personifizierte Tod – meistens als Gerippe dargestellt – mit Personen aus allen sozialen Gruppen tanzt. So wird auf die Nähe des Todes mitten im Leben hingewiesen.)

Die Bild- und Zeichenhaftigkeit bei der Beschreibung des ›Paradiesgärtleins‹ (siehe S. 67 ff.) analysiert Koebner wie folgt:

»Das Paradiesgärtlein wird vom Erzähler ausführlich als ein Landsitz im Verfall geschildert. Schon der Name assoziiert das Elysium [die antike ›Insel der Seligen‹, Paradies], von dem die beiden Liebenden dort oben eine Art Abglanz erleben. Das Tanzfest findet in einer Loggia [offenen Halle] statt, an vier Ecken von Skulpturen getragen, die vier Erzengel vorstellen sollen. Doch sind die plastischen Verzierungen ebenso verwittert wie die Malereien verblaßt, auf denen ›lustige Engelscharen sowie singende und tanzende Heilige‹ zu sehen sind. (68) ›Aber alles war verwischt und undeutlich wie ein Traum und überdies reichlich mit Weinreben übersponnen [...].‹ (68) Der seltsame und verwilderte Ort wirkt wie ein romantischer Schauplatz vergangener Lustbarkeiten und Geheimnisse. Das Altern hat die dargestellten Mythen und Legenden nicht verschont. Singende und tanzende Heilige sind in der christlichen Ikonographie [den typischen Bildmotiven] überdies recht selten. Vielleicht haben Sali und Vrenchen die Gestalten, die sie erblicken, in frommer Weise umgedeutet – sie können sich die Figuren nicht anders als Heilige erklären. Ob dies so ist, oder ob der Erzähler bei aller Detailgenauigkeit in der Beschreibung bewußt die eigentliche Bedeutung des bildnerischen Schmucks im unklaren lassen will, in jedem Fall zielt er auf eine Verschränkung von christlichen und heidnischen Elementen. Die Hinweise auf Dionysos, den Gott des Rausches, und sein ihm ergebenes Gefolge sind nicht zu übersehen. Weinreben überspinnen die Freskomalereien: der Wein als Zeichen dieses Gottes. Und die Porträts einzelner Personen aus dem ›Hudelvölkchen, welches nirgends zu Hause war‹ (69), betonen so auffällig die Farben der Leidenschaft und des Schmerzes, rot und schwarz, so unzweideutig Besonderheiten der traditionellen Darstellung von Bacchanalien (zum Beispiel hängt einem Mädchen an jeder Schläfe eine blaue Traube!), daß das ausgelassene Volk wie aus Bildern herausgetreten scheint, die das Treiben und den Trubel um Dionysos in typischer Weise verzeichnen. Da in solchen Bildern [...] natürlich mediterrane Elemente, auch in der Kostümierung der Personen, üblich sind, ›exotisiert‹ auch der Erzähler die Erscheinung der Tänzerinnen und Tänzer, durchsetzt sie zugleich mit einheimischen Motiven, vor allem aus der Flora, so daß die Figuren in ›ihrer zusammengewürfelten Tracht‹ ›fremdartig‹ (69) aussehen. Das Prinzip des Erzählers, auf christliche, antike oder auch volkstümliche Überlieferungen anzuspielen und so die beschriebenen Phänomene in vielfältigem Licht erscheinen zu lassen, führt zu einer gegenseitigen Relativierung der angerissenen Bezüge zum Dionysos-Kult oder zum Blocksberg-Treiben. Im verschränkenden Gemenge entzaubern sich die unterschiedlichen Mythen zu recht profanen Materialien einer erzählerischen Prozedur, die massiert Hinweiszeichen auf den zunehmenden Gefühls- und Sinnestaumel der Liebenden ausstreut. Der Erzähler will die Ekstase nicht dämonisieren, nur – auf vorsichtige Umschreibung bedacht – mit Hilfe von Schlüsselbegriffen fassen, die verschiedenen Kulturen entstammen; er verwandelt die Rätselzeichen dunkler Zusammenhänge zu gewitzten Reflexen.«

Thomas Koebner: Gottfried Keller: *Romeo und Julia auf dem Dorfe*. Die Recherche nach den Ursachen eines Liebestods. In: Interpretationen. Erzählungen und Novellen des 19. Jahrhunderts. Bd. 2. Stuttgart: Reclam, 1990. S. 203–234, hier: S. 222–224.

Arbeitsaufträge:

1. Welche mythologischen Deutungsmöglichkeiten nennt der Text?
2. Wie werden die Anspielungen auf den christlichen Glauben interpretiert?

*3. Welche Funktion hat die bacchantische Szene laut Koebner?

ARBEITSBLATT 8b

Erzählte Zeit und Erzählzeit in der Novelle

	Handlung (Überschrift)	Schwerpunkte des Erzählens	Erzählte Zeit	Erzählzeit (Zahl der Seiten)
1				
2				
3				
4				

Arbeitsauftrag:
Teilt die Novelle in vier große Handlungsschritte ein und erarbeitet die zeitliche Struktur.

9 Die Stoffgeschichte und die Entstehung der Novelle kennenlernen

Sachanalyse

Der Stoff geht auf Dantes Göttliche Komödie (ca. 1307–21) zurück und taucht dann 1476 wieder auf: In der Geschichte von Mariotto und Gianozza des Italieners Masuccio lassen sich die beiden Liebenden heimlich von einem Mönch trauen, weil sie sich nicht zu ihrer Liebe bekennen können. Als Mariotto im Streit einen anderen Bürger erschlägt, muss er fliehen. Gianozza soll von ihrem Vater gezwungen werden, einen anderen zu heiraten. Der Mönch schlägt deshalb einen Plan vor, bei dem sie durch einen Trank in einen todesähnlichen Schlaf versetzt und dann in der Familiengruft beigesetzt wird. Vom Mönch wird sie dann nachts aus der Gruft befreit und flieht. Mariotto, der die Nachricht von ihrem Tod erhalten hat, kehrt als Pilger verkleidet heimlich in die Stadt zurück, dringt in die Gruft ein, wird aber entdeckt, zum Tod verurteilt und hingerichtet. Als Gianozza, die ihn in Alessandria vergeblich gesucht hat, in ihren Heimatort Siena zurückkehrt und von der Hinrichtung des Geliebten erfährt, geht sie ins Kloster, wo sie bald an ihrem Schmerz stirbt.

Luigi da Porto übernimmt um 1524 für seine Novelle die Grundmotive der Handlung, verlegt aber die Handlung nach Verona und ins Jahr 1303 und gibt den Liebenden neue Namen: Romeo und Julia. Die Nachnamen Montague und Capulet stehen für politische Parteien der damaligen Zeit und machten die Feindschaft der beiden Geschlechter so glaubwürdig, dass die Handlung bald für eine historische Tatsache gehalten wurde. Die Feindschaft wird bei ihm noch dadurch verschärft, dass Romeo einen Vetter Julias erschlägt. Als Romeo schließlich von Julias Tod erfährt, kehrt er zurück, vergiftet sich an ihrer Leiche und stirbt in ihren Armen, als sie gerade erwacht. Daraufhin stirbt Julia endgültig vor Schmerz.

Matteo Bandello erweiterte diese Version 1554 noch um das Motiv der Liebe auf den ersten Blick und die Leidenschaft. Sie war in der Übersetzung von Arthur Brooke von 1562 die Grundlage für Shakespeares berühmtes Drama *Romeo and Juliet*, das 1597 erstmals im Druck erschien. Shakespeare bemüht sich darum, die Motive der handelnden Personen noch besser zu begründen. So tötet Romeo den Vetter Julias, weil der zuvor Romeos Freund erstochen hat. Zusätzliche Dramatik entsteht dadurch, dass Julias Eltern ihre Tochter, die ohne deren Wissen ja schon verheiratet ist, zu einer Ehe drängen wollen. Auch das Ende hat Shakespeare noch dramatischer gestaltet: In der Gruft tötet er den Grafen Paris, der als Ehemann Julias ausersehen war, nimmt das Gift und stirbt an Julias Seite. Als die scheintote Julia dann erwacht, sieht sie den toten Geliebten, nimmt seinen Dolch und setzt ihrem Leben ebenfalls ein Ende. Als die Eltern die Hintergründe des tragischen Geschehens erfahren, sind sie erschüttert und reichen sich die Hände zur Versöhnung, um die blutige Familienfehde damit zu beenden.

Gottfried Keller bezieht sich mit mit dem Titel seiner Novelle auf den bekannten Stoff, übernimmt aber nur das Motiv des Liebespaares, das aus zwei verfeindeten Familien kommt und am Ende stirbt. Andere Anspielungen sind eher für ein bildungsbürgerliches Publikum gedacht und spielen für die Handlung keine Rolle. Inhaltlich weist die Handlung also keine unmittelbaren Parallelen auf. Die Lebensumstände, an denen das Paar jeweils scheitert, sind ganz unterschiedlich. Während Shakespeares Drama in einer spätmittelalterlichen Stadt Italiens spielt, hat Keller das Geschehen in der bäuerlichen Welt seiner eigenen Zeit angesiedelt. Im Unterschied zu Shakespeare kommt er mit nur wenigen Personen aus. Im ersten Teil steht die Feindschaft der Väter, im zweiten Teil die aussichtslose Liebe der Kinder im Mittelpunkt. Die Figur des schwarzen Geigers, die bei Shakespeare ebenfalls nicht existiert, dient als Bindeglied zwischen den beiden Handlungsteilen, die ebenfalls ohne Vorbild sind. Er hat also nicht mehr als das Grundmotiv übernommen.

Das Grundmotiv der Liebenden aus verfeindeten Familien hat vielfach auch in anderen Werken eine Rolle gespielt, beispielsweise in der *West Side Story* von Leonard Bernstein und Arthur Laurents (Uraufführung 1957). Hier sind es verfeindete Gangs, an denen die Liebe scheitert. Dass Shakespeares Werk immer noch regelmäßig aufgeführt und auch für das Kino verfilmt wurde, weist deutlich darauf hin, dass die Menschen von diesem Konflikt immer wieder berührt sind.

Unterrichtsverlauf

Überblick. Als Einstieg werden die Anfänge von Shakespeares Drama und Kellers Novelle, also das Sonett und die nüchterne Zeitungsmeldung, verglichen. Im Mittelpunkt der Stunde stehen dann die Erarbeitung des Inhalts von Shakespeares *Romeo und Julia* und der Vergleich mit Kellers Novelle, wobei den Schülerinnen und Schülern deutlich werden soll, dass es außer dem Grundmotiv kaum inhaltliche Gemeinsamkeiten gibt. Als Beispiel für ein aktuelles Aufgreifen des Stoffs wird der Kurzfilm von *Sommers Weltliteratur to go* gezeigt und diskutiert. Weiterhin kann noch die Entstehungs- und Druckgeschichte erarbeitet werden. **! Verkürzter Verlauf: 9.1 – 9.2 – 9.3**

Phase	Thema	Sozialform	Kompetenzen und Lernziele	Materialien
Voraussetzungen: Kenntnis der gesamten Novelle				
9.1	Der Werkanfang bei Shakespeare und Keller im Vergleich	UG	• Vergleichende Analyse von Texten anhand von Leitfragen durchführen • Wesentliche Unterschiede bei der Einleitung der Werke erkennen	VORLAGE 9 ➤ S. 57
9.2	Erarbeitung: Inhalt von Shakespeares Drama *Romeo und Julia*	PA / UG	• Vergleichende Analyse von Texten anhand von Leitfragen durchführen • Wesentliche Unterschiede zwischen den beiden Werken erkennen	ARBEITSBLATT 9a ➤ S. 59 TAFELBILD 9 ➤ S. 58
9.3	Vertiefung: Shakespeares *Romeo und Julia* in *Sommers Weltliteratur to go*	UG	• Besonderheiten und Merkmale einer Verfilmung erkennen und benennen • Stil und Qualität der Bearbeitung beurteilen und diskutieren	Video (online)
9.4 **fakultativ**	Entstehungs- und Druckgeschichte von Kellers Novelle	PA / UG	• Einem Sachtext Informationen entnehmen • Die Informationen auf einer Zeitleiste chronologisch anordnen	ARBEITSBLATT 9b ➤ S. 61

9.1 Der Werkanfang bei Shakespeare und Keller im Vergleich

UG

Unterrichtsschritt. Als Einstieg wird die VORLAGE 9 ***Prolog aus Shakespeares »Romeo und Julia«*** (auch in Reclam XL, S. 95) vorgelesen und dann mit dem Novellenbeginn bei Keller (Reclam XL, S. 3, Z. 1–7) verglichen.

VORLAGE 9 ➤ S. 57

Erläuterungen. Shakespeare-Prolog: Zur inhaltlichen Struktur sollte festgestellt werden, dass es sich um ein Sonett handelt, auch wenn der Prolog nicht optisch gegliedert ist. Im ersten Quartett blickt der Autor auf die lange Geschichte des Streits zurück. Das zweite Quartett gibt einen Ausblick auf das Geschehen um Romeo und Julia und auf das Ende des Familienzwists. Das erste Terzett kündigt an, die näheren Umstände dieses Geschehens beleuchten zu wollen. Im zweiten Terzett wendet sich der Autor direkt an das Publikum. Bereits hier werden Gemeinsamkeiten mit Keller (Streit der Väter, Liebespaar), aber auch Unterschiede (Stadt Verona / Bürger vs. Land / Bauern) sichtbar.

Gottfried Keller spricht den Leser ebenfalls an, auch wenn er die direkte Anrede vermeidet. Ihm geht es darum herauszustellen, dass er nicht einfach einen bekannten literarischen Stoff neu bearbeitet, sondern dass er ein wirkliches Geschehen aufgreift, wie es in verschiedenen Zeiten immer wieder passiert ist.

PA / UG

9.2 Erarbeitung: Inhalt von Shakespeares Drama *Romeo und Julia*

ARBEITSBLATT 9a ➤ S. 59
TAFELBILD 9 ➤ S. 58

Unterrichtsschritt. Die Schüler erhalten das ARBEITSBLATT 9a ***Zusammenfassung von Shakespeares Drama »Romeo und Julia«***, um in Partnerarbeit den Inhalt des Dramas zu erschließen und die Unterschiede zu Kellers Novelle zu erarbeiten. Die Auswertung erfolgt im Unterrichtsgespräch. Die Ergebnisse werden im TAFELBILD 9 gesichert und mitgeschrieben.

VORLAGE 9

Prolog aus Shakespeares *Romeo und Julia*

»CHOR. Zwei Häuser in Verona, würdevoll,
Wohin als Szene unser Spiel euch bannt,
Erwecken neuen Streit aus altem Groll,
Und Bürgerblut befleckt die Bürgerhand.
Aus beider Feinde unheilvollem Schoß
Entspringt ein Liebespaar, unsternbedroht,
Und es begräbt – ein jämmerliches Los –
Der Väter lang gehegten Streit ihr Tod.
Wie diese Liebe nun dem Tod verfiel,
Der Eltern Wüten, immerfort erneut,
Erst in der Kinder Ende fand sein Ziel,
Das lehrt zwei Stunden euch die Bühne heut;
Wollt ihr geduldig euer Ohr dem leihn,
Wolln wir's von Mängeln, wo's noch not, befrein.«

William Shakespeare: Romeo und Julia. Übers. von August Wilhelm Schlegel. Hrsg. von Dietrich Klose. Stuttgart: Reclam, 2002. S. 4.

Arbeitsaufträge:

1. Untersucht den gedanklichen Aufbau und den Inhalt des Prologs.
2. Vergleicht diesen Text mit dem einleitenden Abschnitt bei Gottfried Keller.

Erläuterungen zum ARBEITSBLATT 9a.

1. Vergleich der äußeren Merkmale der Handlung, des Orts, der Zeit und der Personen:

- Die Handlung spielt bei Shakespeare in der Vergangenheit in einer mittelalterlichen Stadt Italiens (Verona), während Keller das Geschehen in seiner eigenen Zeit und in einer ländlichen Gegend der Schweiz spielen lässt.
- Während die Handlung bei Keller ganz unspektakulär und fast alltäglich erscheint, wirkt sie bei Shakespeare sehr dramatisch und spektakulär. Wenn die Akteure auf der Bühne fechten, wenn sie sich selber töten oder sich schließlich auf offener Bühne versöhnen, wirkt dies sehr bühnenwirksam und berührt die Zuschauer emotional.
- In Shakespeares Drama wechselt beinahe mit jeder Szene der Ort. Es handelt sich um verschiedene Plätze in Verona, teilweise im Haus, teilweise auf öffentlichen Plätzen, in jedem Fall in städtischer Umgebung. Eine Szene ist auch nach Mantua verlegt. Kellers Novelle spielt in der Stadt Seldwyla und der unmittelbaren Umgebung sowie vor allem im nicht weit entfernten Dorf, wo Manz und Marti wohnen, also in ländlicher Umgebung. Eine große Rolle spielt auch das Streitobjekt der Bauern, vor allem ein kleiner Abschnitt, auf den Steine gehäuft worden sind, wird zu einem zentralen Ort des Geschehens.
- Während bei Keller nur fünf Figuren für die Handlung von großer Bedeutung sind, bringt Shakespeare sehr viele Figuren auf die Bühne. Das erklärt sich auch dadurch, dass es bei Keller um den Streit zweier Bauern geht, während die Liebesgeschichte von Romeo und Julia in eine Familienfehde eingebunden ist, die schon seit Generationen andauert. Bei Keller stammen die Figuren aus dem einfachen bäuerlichen Milieu, bei Shakespeare aus adeligem.

2. Unterschiede bei der Figurengestaltung: Einerseits ist die Bereitschaft zur Gewaltanwendung in Shakespeares Drama viel größer, was sich auch dadurch erklärt, dass der Konflikt eine lange Tradition hat und viele Figuren in die Handlung eingebunden sind. Die Väter stehen in dieser Tradition, wirken aber andererseits nicht so, dass sie den Konflikt weiter befeuern. Nach dem tragischen Ende sind sie sogar zur Versöhnung bereit. Schon als sich Romeo in sein Haus eingeschlichen hat, verhindert Capulet eine Eskalation der Gewalt. Im Unterschied zu Kellers Novelle gibt es bei Shakespeare eine ganze Reihe anderer Figuren, die mit individuellen Zügen gezeichnet sind. Das Handeln von Romeo und Julia ist vor allem von ihrer Liebe bestimmt, einer Liebe auf den ersten Blick, während Sali und Vrenchen einander von klein auf kennen. Mit Pater Lorenzo gibt es bei Shakespeare eine ausge-

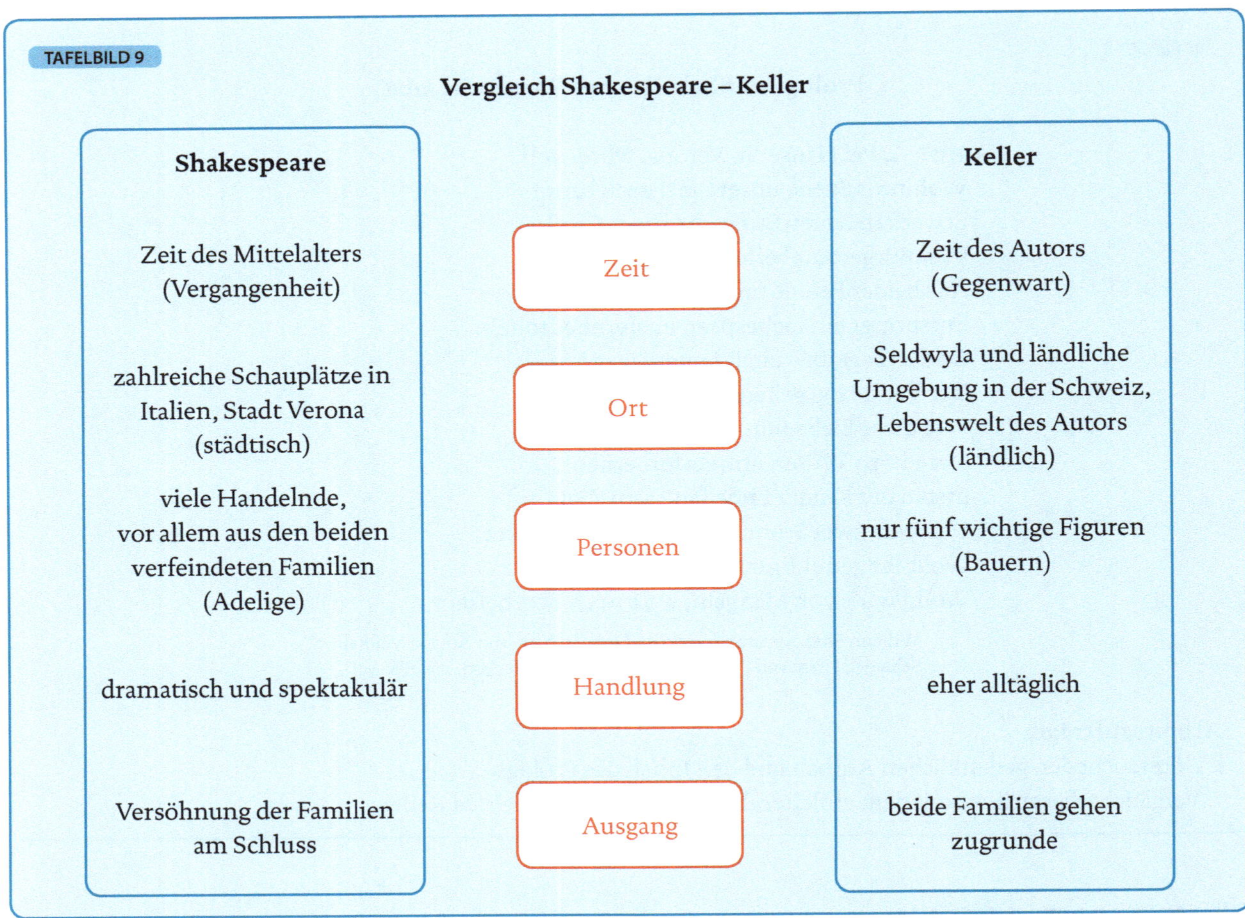

sprochene Helferfigur. Der schwarze Geiger lässt sich damit nur bedingt vergleichen, auch wenn er Sali und Vrenchen am Ende anbietet, mit den Heimatlosen in die Wälder zu ziehen.

9.3 Vertiefung: Shakespeares *Romeo und Julia* in *Sommers Weltliteratur to go*

UG

Video (online)

Unterrichtsschritt mit Erläuterungen. Nach der Erarbeitung der wesentlichen Unterschiede der beiden Werke wird den Schülerinnen und Schülern die Kurzfassung des Dramas in *Sommers Weltliteratur to go* gezeigt (online: youtu.be/GQQhXI2iyvo, Stand: 28. 3. 2019). Sie sollen erkennen, dass es dem Filmemacher gelingt, den wesentlichen Inhalt auf respektlose und witzige Weise in wenig mehr als zehn Minuten wiederzugeben. Auch die Verwendung von Playmobil-Figuren trägt sicher zu dem Erfolg bei. Über diese Art, Weltliteratur zu präsentieren, kann man sicher geteilter Meinung sein, aber die Klassen mögen im Regelfall diese Kurzfilme, sie verstehen sie auch. Kritisiert wird nur, dass häufig recht schnell gesprochen wird.

9.4 Entstehungs- und Druckgeschichte von Kellers Novelle (fakultativ)

PA / UG

ARBEITSBLATT 9b ➤ S. 61
Lösungshinweis ➤ S. 87

Unterrichtsschritt. Die Schüler erhalten das ARBEITSBLATT 9b ***Zur Entstehung der Novelle***, um in Partnerarbeit die Entstehungs- und Druckgeschichte zu erarbeiten. Die Auswertung erfolgt im Unterrichtsgespräch.

Zusammenfassung von Shakespeares Drama *Romeo und Julia*

»**Hauptcharaktere:** Die Angehörigen zweier verfeindeter Familien stehen im Zentrum der Handlung. Zur Familie der Capulets gehören neben Julia und ihren Eltern die Amme der Julia, ihr Freier Paris und ihr Cousin Tybalt. Zur Familie der Montagues gehören Romeo und seine Eltern, Romeos Cousin Benvolio, sein Mentor Bruder Lorenzo und sein Freund Mercutio. Der Bau der Figurengruppen ist insgesamt sehr symmetrisch.

Erzählte Zeit und Orte der Handlung: Die Handlung umfasst die Zeit von etwa einer Woche. Das Werk spielt in den oberitalienischen Städten Verona und Mantua im 14. Jahrhundert.

Inhalt: *[Akt I, Szene 1]* Die Diener der verfeindeten Häuser Capulet und Montague beginnen auf einem öffentlichen Platz Veronas Streit. Schnell ist eine große Menschenmenge beteiligt; Parteigänger eilen hinzu, schließlich auch die Oberhäupter der beiden Familien. Der Fürst von Verona ist außer sich vor Zorn über den öffentlichen Kampf und verhängt für zukünftige derartige Vorfälle die Todesstrafe. Romeo war bei diesem Kampf nicht anwesend.

[I,2] Verona, eine Straße: Graf Paris hält bei Capulet um Julias Hand an. Capulet ist darüber zwar erfreut, hat aber Bedenken, dass die noch nicht vierzehnjährige Julia zu jung für eine Heirat sei. Deshalb lädt er den Freier für den Abend zu einem großen Tanzfest ein, bei dem er beginnen soll, Julias Gunst zu erringen. Benvolio, Romeos Cousin, überredet Romeo, mit ihm maskiert auf das Fest der Capulets zu gehen, weil auch die von ihm angebetete Rosalinde dort sein wird.

[I,3] Verona, in Capulets Haus: Gräfin Capulet sagt Julia, dass Graf Paris um sie angehalten habe und sie ihn auf dem abendlichen Fest kennenlernen werde. Julia will sich den Freier anschauen.

[I,4] Verona, vor Capulets Haus: Romeo und seine Freunde Benvolio und Mercutio haben sich maskiert und sind bereit, auf das Fest der Capulets zu gehen.

[I,5] Verona, eine Halle in Capulets Haus: Capulet heißt alle seine Gäste, ganz gleich ob eingeladen oder nicht, herzlich willkommen. Romeo erblickt Julia und verliebt sich auf den ersten Blick in sie. Er ist überzeugt, noch nie zuvor eine solche Schönheit gesehen zu haben. Tybalt erkennt Romeo trotz Maske an dessen Stimme und will sofort mit ihm kämpfen. Doch Capulet weist seinen aggressiven Neffen zurecht und erklärt ihm, dass Romeo sein Gastrecht genieße und ein Ehrenmann sei. Romeo hat sich inzwischen Julia genähert, die ihrerseits wie verzaubert ist. Beider Hände finden sich, dann auch ihre Lippen. Romeo muss gehen, nicht ohne vorher noch zu erfahren, dass Julia die Tochter seines Feindes ist. Auch Julia muss zu ihrer Bestürzung erfahren, dass sie ihr Herz an einen Mann aus der gegnerischen Familie verloren hat.

[II,1] Verona, eine Straße bei Capulets Garten: Romeo, den es zu Julia zieht, verbirgt sich im Garten vor seinen Freunden, die ihn vergeblich suchen.

[II,2] Verona, Capulets Garten. In der sogenannten Balkonszene erscheint Julia am Fenster. Romeo hört, wie sie von ihrer Liebe zu ihm spricht, tritt hervor und gesteht seinerseits auch ihr seine Liebe. Julia ist erschrocken, aber auch beglückt und lässt sich von Romeo wiederholt beteuern, wie ernst er es mit ihr meint. Die Liebenden verabreden, sich bereits am nächsten Tag trauen zu lassen.

[II,3] Bruder Lorenzo ist bei der Arbeit in seiner Zelle, er bewirtschaftet den Garten der Mönche und hat hervorragende Kenntnisse über Heilpflanzen. Romeo kommt und bittet Lorenzo, die heimliche Vermählung mit Julia vorzunehmen. Lorenzo willigt schließlich ein, in der Hoffnung, durch diese Trauung den unseligen Streit der Familien endlich beenden zu können.

[II,4] Verona, eine Straße: Romeo teilt Julias Amme mit, dass die Hochzeit eine Stunde später in Bruder Lorenzos Zelle vollzogen werde.

[II,5] Verona, Capulets Garten: Julia wartet ungeduldig auf die Amme. Diese lässt das junge Mädchen nach ihrer Ankunft erst einmal etwas zappeln, bevor sie ihr mitteilt, wann und wo die heimliche Hochzeit stattfinden soll.

[II,6] Verona, Bruder Lorenzos Zelle: Lorenzo vermählt Romeo und Julia.

[III,1] Verona, ein öffentlicher Platz: Tybalt fordert Romeo zum Duell, was dieser ablehnt, da er nun mit Tybalt verwandt ist. Stattdessen will er Frieden stiften. Mercutio mischt sich ein und beginnt einen Fechtkampf mit Tybalt. Romeo geht schlichtend zwischen sie, in diesem Moment bringt Tybalt Mercutio heim-

tückisch eine tödliche Wunde bei. Romeo, außer sich, zieht seinen Degen und ersticht Tybalt. Er erkennt, was er getan hat, und flieht. Das Volk eilt herbei, auch die Oberhäupter der Familien. Benvolio berichtet dem Fürsten von Verona vom Hergang des Kampfes. Gräfin Capulet fordert, Romeo zu töten, der Fürst aber bestraft ihn mit Verbannung, da Tybalt die Tat provoziert habe.

[III,2] Verona, Capulets Haus: Als Julia erfährt, dass Romeo Tybalt erschlagen hat, ist sie entsetzt; schnell wird ihr aber klar, dass Tybalt der Provokateur gewesen sein muss. Da Romeo verbannt ist, glaubt Julia, sie werde ihre Hochzeitsnacht nie erleben, doch die Amme bietet ihr an, zu Romeo zu gehen und ihn für diese Nacht zu ihr zu holen.

[III,3] Verona, Bruder Lorenzos Zelle: Romeo hat sich bei Lorenzo versteckt. Lorenzo entwirft einen Plan: Romeo solle in dieser Nacht Julia noch einmal besuchen, sich dann aber eiligst nach Mantua begeben.

[III,4] Verona, Capulets Haus: Paris bringt erneut seinen Antrag bei Capulet vor. Zunächst abwehrend, setzt dieser dann überraschend eigenmächtig die Hochzeit für Donnerstag – also drei Tage später – fest.

[III,5] Verona, Capulets Garten: Nach der Hochzeitsnacht müssen sich Romeo und Julia trennen. Gräfin Capulet sucht Julia auf, um sie vom Entschluss des Vaters in Kenntnis zu setzen. Julia ist entsetzt und weigert sich. Capulet kommt hinzu und bringt sie mit groben Worten und der Drohung, sie zu enterben, zum Schweigen. Verzweifelt beschließt Julia, Lorenzo um Rat zu fragen.

[IV,1] Paris bittet den überraschten Lorenzo, ihn am Donnerstag mit Julia zu vermählen. Julia erscheint, spricht ausweichend mit Paris, bis dieser voller Hoffnung geht. Julia bittet Lorenzo verzweifelt um einen Rat; finde er keinen, werde sie sich töten. Lorenzo gibt Julia einen Schlaftrunk mit, der sie für 42 Stunden in einen scheintoten Zustand versetzen wird. Ihre Eltern werden sie bestatten, Romeo wird in der Zwischenzeit durch Lorenzos Mitbruder Markus benachrichtigt werden und sie aus der Familiengruft der Capulets befreien.

[IV,2] Verona, Capulets Haus: Julia gibt vor, in die Heirat einzuwilligen.

[IV,3] Verona, Julias Zimmer: Julia trinkt das Mittel Lorenzos.

[IV,5] Verona, Capulets Haus: Die Amme findet die scheintote Julia. Capulet, seine Frau und Paris kommen dazu; alle sind entsetzt und beklagen ihr grausames Schicksal. Lorenzo wird geholt und fordert die Trauernden auf, Fassung zu bewahren und Julia in die Familiengruft zu überführen.

[V,1] Mantua, eine Straße: Romeo erwartet Nachricht von Lorenzo, stattdessen erscheint sein Diener Balthasar, der ihm von Julias Tod berichtet. Romeo entschließt sich spontan, sich im Tod mit Julia wieder zu vereinen. Von einem Apotheker kauft er sich Gift und macht sich auf den Weg zur Gruft der Capulets.

[V,2] Verona, Bruder Lorenzos Zelle: Lorenzo erfährt, dass sein Mitbruder Markus den Brief an Romeo nicht zustellen konnte, da eine plötzlich ausbrechende Pest dies verhinderte. Lorenzo eilt zur Gruft, um Julia, die bald erwachen wird, in seine Zelle zu bringen.

[V,3] Verona, ein Friedhof: Paris bringt Blumen auf den Friedhof, um sie für Julia vor die Gruft zu streuen, und beobachtet, wie Romeo die Gruft aufzubrechen beginnt. Paris stellt Romeo zur Rede, dieser bittet ihn zu gehen, sonst werde er ihn töten müssen. Paris weicht nicht und stirbt im Kampf. Romeo erfüllt aber dessen letzten Wunsch, in der Gruft neben Julia liegen zu dürfen. Er betrachtet die schlafende Julia noch ein letztes Mal und nimmt dann das tödliche Gift. Julia erwacht und erblickt den toten Romeo. Sie küsst seine Lippen und ersticht sich mit seinem Dolch. Wachen und Volk eilen herbei. Montague berichtet, seine Frau sei aus Kummer über Romeos Verbannung gestorben. Lorenzo schildert dem Fürsten von Verona und den verbliebenen Oberhäuptern der Familien, was geschehen ist. Die alten Widersacher versöhnen sich erschüttert.«

Romeo und Julia. In: Wikipedia. de.wikipedia.org/w/index.php?title=Romeo_und_Julia&oldid=184248352 (Stand: 5.3.2019, bearbeitet und gekürzt). – CC-BY-SA 3.0.

Arbeitsaufträge:

1. Vergleicht die äußeren Merkmale der Handlung und achtet dabei auf Ort, Zeit und die Figuren. Markiert sie zunächst verschiedenfarbig.
2. Welche Unterschiede bei der Figurengestaltung lassen sich feststellen?

ARBEITSBLATT 9b

Entstehung und Veröffentlichung der Novelle

1. Der früheste Hinweis auf *Romeo und Julia auf dem Dorfe* ist im Tagebuch Gottfried Kellers im September 1847 zu finden: das Motiv der beiden pflügenden Bauern und der drei Äcker, aber noch nicht verbunden mit der tödlich endenden Liebesgeschichte der Kinder.

»Zwei stattliche, sonnengebräunte Bauern pflügen mit starken Ochsen auf zwei Äckern, zwischen welchen ein dritter großer brach und verwildert liegt. Während sie die Pflugschar wenden, sprechen sie über den mittleren schönen Acker, wie er nun schon so manches Jahr brach liege, weil der verwahrloste Erbe desselben sich unstet in der Welt herumtreibe. Frommes und tiefes Bedauern der beiden Männer, welche wieder an die Arbeit gehen und jeder von seiner Seite her der ganzen Länge nach einige Furchen dem verwaisten Acker abpflügt. Indem die Ochsen die Pflüge langsam und still weiter ziehen, und die beiden Züge hüben und drüben sich begegnen, setzen die beiden Bauern eintönig ihr Gespräch fort über den bösen Weltlauf, führen dabei mit fester Hand den Pflug und tun, jeder, als ob er den Frevel des andern nicht bemerkte. Die Sonne steht einsam und heiß am Himmel.«

Zit. nach: Erläuterungen und Dokumente. Gottfried Keller: Romeo und Julia auf dem Dorfe. Von Gert Sautermeister. Stuttgart: Reclam, 2003 [u.ö.]. S. 70.

2. Die »Zweite vermehrte Auflage in vier Bänden« der Novellensammlung *Die Leute von Seldwyla* kam 1874 bei der Göschenschen Verlagsbuchhandlung in Stuttgart heraus. Für diese Auflage hat Gottfried Keller den Text von Romeo und Julia auf dem Dorfe inhaltlich und stilistisch leicht verändert.

3. In der *Züricher Freitagszeitung* vom 3. September 1847 las Keller unter der Rubrik »Sachsen« die Zeitungsmeldung von folgendem wirklichen Vorfall:

»Im Dorfe Altsellerhausen, bei Leipzig, liebten sich ein Jüngling von 19 Jahren und ein Mädchen von 17 Jahren, beide Kinder armer Leute, die aber in einer tödlichen Feindschaft lebten und nicht in eine Vereinigung des Paares willigen wollten. Am 15. August begaben sich die Verliebten in eine Wirtschaft, wo sich arme Leute vergnügen, tanzten daselbst bis nachts 1 Uhr und entfernten sich hierauf. Am Morgen fand man die Leichen beider Liebenden auf dem Felde liegen; sie hatten sich durch den Kopf geschossen.«

Zit. nach: Ebd. S. 69.

4. »Keller an Ferdinand Weibert am 25. Dezember 1875: ›[...] Ob ‚Romeo und Julie', nachdem sie so viel in Feuilletons und Sammelwerken abgedruckt worden sind, als Einzelausgabe [die soeben erschienen war] noch Glück machen werden, müssen wir gewärtigen [abwarten].«

Reclam Klassiker auf CD-ROM. Gottfried Keller: Romeo und Julia auf dem Dorfe. Hrsg. von Thomas Koebner. Stuttgart: Reclam, 1999.

5. »Gottfried Keller schreibt 1853 seinem Verleger Vieweg, daß er ›zwei Bändchen Novellen‹ schreiben wolle [...]. Im Januar 1856 erscheinen *Die Leute von Seldwyla*, die einzelnen Novellen haben die Reihenfolge: *Pankraz der Schmoller*, *Frau Regel Amrain und ihr Jüngster*, *Romeo und Julia auf dem Dorfe*, *Die drei gerechten Kammacher*, *Spiegel, das Kätzchen*. In der ersten Ausgabe nimmt also *Romeo und Julia auf dem Dorfe* genau die Mitte zwischen den beiden Erziehungsnovellen am Anfang und den mehr phantastischen Novellen am Schluß ein, während die Erzählung in der ›Zweiten vermehrten Auflage‹ an zweiter Stelle erscheint, was sich bis heute durchgesetzt hat.«

Ebd.

6. »Keller an Vieweg am 31. Januar 1859:

›Sie interessierten sich seinerzeit dafür, daß der erste Band in England besprochen würde. Es geschah schon vor 2 Jahren im ‚London Athenäum' sowie in der ‚Litterary Gazette' und neulich in der ‚Westminster Review', wo der Titel des Buches in sonderbarer Weise mit ‚2. Auflage 1858' verziert war, für mich ein sehr neckischer Schreibfehler.
In dem ‚Journal des Débats' kam am 4. Dezember vorigen Jahres ein längerer Artikel von Philarète Chasles über die Erzählung ‚Romeo und Julie', welche, scheint es, ins Französische übersetzt wurde.‹

Die Rezension im *London Athenäum* stammt von Ferdinand Freiligrath [deutscher Dichter, 1810–1876]; der Artikel von Chasles [französischer Literaturkritiker, 1798–1873] wurde auch in sein Buch (*Études sur L'Allemagne au XIXe siècle*, Paris 1861, S. 342 ff.) aufgenommen, die französische Übersetzung von *Romeo und Julia auf dem Dorfe* erschien 1858 in der *Revue germanique*. Eine italienische Übersetzung um 1870 hielt sich eng an die französische, die nach Kellers Ansicht eine ›ziemlich beschnittene‹ war.«

Ebd.

Arbeitsauftrag:
Bringe die Informationen zur Entstehungs-, Druck- und Übersetzungsgeschichte in Form einer Zeitleiste in die chronologisch richtige Reihenfolge.

10 Die Novelle in die Literaturgeschichte einordnen

Sachanalyse

Kellers Werk ist typisch für die zweite Hälfte des 19. Jahrhunderts. Der Kampf des Bürgertums um die politische Macht im bisher aristokratisch regierten Staat sowie das Eintreten des wohlhabenden Bürgertums für einen liberalen und nationalen Staat hatten auch Einfluss auf die Literatur. Die Imagination von Märchen- und Phantasiewelten, die noch für die Romantik wichtig war, spielte keine Rolle mehr. Der Blick richtete sich auf die Wirklichkeit, auf den Menschen im Alltag, wobei die beschriebene Welt das Leben der Bauern und Handwerker zeigt. Die fortschreitende Industrialisierung kommt dagegen kaum einmal vor, sie löste nämlich bei den Autoren des poetischen Realismus eher Unbehagen aus. Sie vermieden es auch, das Hässliche und Armselige in seiner ganzen Brutalität zu zeigen. Die Wirklichkeitsdarstellung wird durch ästhetische oder poetologische Ideen und Prinzipien gefiltert, ohne dass dadurch ein optimistisches Bild der Gesellschaft gezeichnet wird. Auch wenn manches humorvoll dargestellt wird und Anlass zum Schmunzeln gibt, wird doch ein Bürgertum präsentiert, das hinter der schönen Fassade Habgier, Unehrlichkeit und Rücksichtslosigkeit verbirgt. Es wird keine heile Welt dargestellt, sondern eine Welt, in der die Figuren an ihren Persönlichkeitsmerkmalen oder an den gesellschaftlichen Umständen scheitern können. Die Gründe für das Verhalten der Figuren werden untersucht und auch psychologisch motiviert. Sali und Vrenchen hätten als Ehepaar so miteinander leben können, dass die bürgerlichen Ideale verwirklicht werden, doch sie scheitern an der selbstgerechten und zugleich unbarmherzigen Verlogenheit der Gesellschaft. Dabei wird das ganze Geschehen, das mit dem Tod der beiden endet, derart realistisch dargestellt und stimmig motiviert, dass an keiner Stelle der Eindruck aufkommt, dass das so nicht passiert sein kann, und zwar ganz gleich an welchem Schauplatz die Handlung angesiedelt ist, ob nun auf dem Feld, in der Stadt oder bei der Wanderung durch die Dörfer. Dieser Eindruck wird noch dadurch verstärkt, dass das Aussehen der Figuren und ihrer Kleidung, das Äußere von Gegenständen oder Gebäuden genau beschrieben wird.

Kleine Städte und Dörfer sind in der Zeit nach der Romantik gern gewählte Handlungsorte. Die Dorfgeschichte wurde zu einem eigenen Genre, das auf Berthold Auerbach (1812–1882) mit seinen *Schwarzwälder Dorfgeschichten* zurückgeht. In diesen Geschichten wird das bäuerliche Leben wirklichkeitsnah dargestellt, aber zugleich auch idealisiert. Das Dorfleben hat einen langsam-bedächtigen Lebensrhythmus und wirkt insgesamt behaglich, stellt damit ein Gegenbild zu der neuen Zeit dar. Diese Dorfgeschichten sind immer mit einer bestimmten Region verbunden, mit der Gegend, in der der Dichter lebt und die zugleich sein Denken und Schreiben prägt, ob es nun der Schwarzwald ist oder wie bei Theodor Storm (1817–1888) die Nordsee, bei Annette von Droste-Hülshoff (1797–1848) Westfalen oder die Mark Brandenburg bei Theodor Fontane (1819–1898). Eine Generation vor Keller (1819–1890) verfasste der Schweizer Dichter und Dorfpfarrer Jeremias Gotthelf (1797–1854) Dorfgeschichten, die in der Schweiz angesiedelt sind und die Sehnsucht nach einem einfachen Leben deutlich werden lassen. Das Dorf erscheint bei ihm oft als ein Refugium edler Menschen und als Garant einer natürlichen Sittlichkeit. Davon ist bei Keller nur noch eine Fassade geblieben, die den Schein von Ehrbarkeit vermittelt. Auch die lehrhafte Absicht Gotthelfs ist ihm fremd. Trotzdem steht er klar in der Tradition dieser volkstümlichen Literaturgattung, die schon eine Generation später kaum mehr eine Rolle spielt.

Bevorzugte Gattung der realistischen Dichter ist die Novelle. Theodor Fontane und Wilhelm Raabe (1831–1910) schufen zwar auch Romane von bleibender Qualität, doch Keller, Storm oder Conrad Ferdinand Meyer (1825–1898) sind eher Meister der kleineren Form des novellistischen Erzählens. Die zweite Hälfte des 19. Jahrhunderts kann als eine Blütezeit der Novelle angesehen werden, in der man sich auch Gedanken zur Literaturtheorie dieser Gattung machte. Kellers Werk *Romeo und Julia auf dem Dorfe* kann sowohl der Dorfgeschichte als auch der Gattung Novelle zugeordnet werden – gerade auch weil gattungstheoretische Überlegungen bei Keller keinen hohen Stellenwert hatten.

Unterrichtsverlauf

Überblick. Die Schülerinnen und Schüler machen sich ein Bild von den Merkmalen der Literaturepoche der Romantik und erkennen wesentliche Unterschiede zum poetischen Realismus. Die Novelle *Romeo und Julia auf dem Dorfe* wird als typisches Werk des poetischen Realismus eingeordnet. Vom Handlungsort ausgehend, einem Dorf in der Nähe der Kleinstadt Seldwyla, wird die Dorfgeschichte, die in einer bäuerlich und handwerklich geprägten Gesellschaft angesiedelt ist, als typisch für die Zeit herausgestellt. Schließlich werden noch die Merkmale der damals beliebten Gattung der Novelle erarbeitet, um Kellers Werk genau in diese Textgattung einzuordnen. ! **Verkürzter Verlauf: 10.1 – 10.2 – 10.5**

Phase	Thema	Sozialform	Kompetenzen und Lernziele	Materialien
Voraussetzungen: Kenntnis der gesamten Novelle				
10.1	Einstieg: Hypothese zur Epoche bilden	PA / UG	• Wesentliche Merkmale von Literaturepochen erkennen • Hypothese bilden, warum Kellers Novelle zur Epoche des Realismus gehört	VORLAGE 10a ➤ S. 64
10.2	Erarbeitung: Gottfried Keller als Vertreter des poetischen Realismus	EA / PA / UG	• Einem Sachtext anhand von Leitfragen Informationen entnehmen • Wesentliche Merkmale des poetischen Realismus erarbeiten	ARBEITSBLATT 10a ➤ S. 68
10.3 **fakultativ**	Vertiefung: Gottfried Kellers Existenzphilosophie	EA / PA / UG	• Einem Sachtext anhand von Leitfragen Informationen entnehmen • Kennzeichen von Kellers materialistischer Lebensauffassung verstehen • Prüfen, ob die Novelle *Romeo und Julia auf dem Dorfe* Kellers areligiöser Haltung entspricht	ARBEITSBLATT 10b ➤ S. 70
10.4 **fakultativ**	Vertiefung: Merkmale der Dorfgeschichte	LV / UG	• Einblicke in die Literaturgeschichte der 19. Jahrhunderts gewinnen • Einem kurzen Vortrag konzentriert zuhören, um wichtige Informationen aufzunehmen	VORLAGE 10b ➤ S. 66
10.5	Erarbeitung: *Romeo und Julia auf dem Dorfe* – eine Novelle	EA / PA / UG	• Einem Sachtext anhand von Leitfragen Informationen entnehmen • Wesentliche Merkmale der Gattung der Novelle erarbeiten und auf Kellers Werk anwenden	ARBEITSBLATT 10c ➤ S. 71

Diese Unterrichtsstunde ist insbesondere für den Unterricht in der Oberstufe geeignet.

10.1 Einstieg: Hypothese zur Epoche bilden

Unterrichtsschritt mit Erläuterungen. Zum Einstieg sollen die Schülerinnen und Schüler anhand der VORLAGE 10a ***Romantik, Realismus oder Naturalismus?*** eine Hypothese zur Epochenzuordnung der Novelle *Romeo und Julia auf dem Dorfe* bilden und begründen. Es soll dabei auch deutlich werden, warum es sich bei Kellers Novelle um kein romantisches und kein naturalistisches Werk handelt. Im Unterrichtsgespräch können weitere epochenspezifische Informationen durch die Lehrkraft ergänzt werden, insbesondere die Epochendaten (Romantik: ca. 1795–1849, Realismus: ca. 1850–90, Naturalismus: ca. 1880–1900) in Verbindung mit den Entstehungs- und Veröffentlichungsdaten der Novelle (1847–56, gegebenenfalls in Anknüpfung an 9.4, S. 58). UG VORLAGE 10a ➤ S. 64

PA / UG

Alternative. Wenn eine Doppelstunde zur Verfügung steht und die Schule die entsprechenden Möglichkeiten hat, können die Schülerinnen und Schüler mit Stichworten wie »Romantik«, »Märchen« oder »Volkslied« im Internet surfen und sich einen Eindruck von Texten aus dieser Literaturepoche erarbeiten, um im Vergleich mit Kellers Novelle festzustellen, dass diese kein romantisches Werk ist. Falls kein Internetzugang vorhanden ist, kann man mit der Klasse in die Schulbibliothek gehen oder Kopien mit passenden Textauszügen verteilen.

VORLAGE 10a

Romantik, Realismus oder Naturalismus?

»Die Literatur der Romantik zeichnet sich durch die Freisetzung der Phantasie aus, die [zuvor] durch einen allzu eng gefassten Rationalitätsbegriff und […] durch das erhabene Persönlichkeitsideal gehemmt wurde. Die Dichter der Romantik werten die Volkspoesie auf und wenden sich insbesondere Volksliedern, Märchen und Sagen des Mittelalters zu, was teilweise zur Vermischung der Gattungen führt.«

»Der Realismus zeichnet sich durch die Ablehnung von Idealisierung und Verklärung […] aus. […] Leitidee […] ist die wirklichkeitsgetreue und diesseitsbezogene Darstellung des Menschen in seinen Lebensverhältnissen, in seinen Beziehungen zum Mitmenschen und in seiner inneren Befindlichkeit. […] jedoch werden die Gegenstände weniger nach sozialen, sondern nach poetischen Kriterien ausgewählt […].«

»Die Literatur des Naturalismus steht unter dem Einfluss der Naturwissenschaften, insbesondere der Evolutionstheorie. Sie stellt den Menschen als Produkt seiner biologischen Herkunft, zugleich aber auch als Individuum dar, das seinen Trieben und seiner Umwelt unterworfen ist. Zum Programm […] gehört die Auseinandersetzung mit der sozialen Wirklichkeit und menschlichen Psyche. Hinzu kommt die Hinwendung zu unterprivilegierten Handlungsträgern.«

Yomb May: Literarische Grundbegriffe. Stuttgart: Reclam, 2012 [u. ö.]. S. 96, 115, 124 f.

10.2 Erarbeitung: Gottfried Keller als Vertreter des poetischen Realismus

EA / PA / UG

ARBEITSBLATT 10a
➤ S. 68

Unterrichtsschritt. Zuerst nehmen sich die Schülerinnen und Schüler die Auszüge aus der Sekundärliteratur in Einzelarbeit vor. Dabei sollen sie bei der Erschließung des Textes zwei Farben verwenden, um dann leichter am Text belegen zu können, was bei Keller als poetisch und was als realistisch eingestuft wird. Die Ergebnisse werden zur Kontrolle mit dem Sitznachbarn verglichen, bevor sie ins Unterrichtsgespräch eingebracht werden.

Im Unterrichtsgespräch kann noch vertiefend gefragt werden, welche weiteren Inhalte der Novelle wohl als typisch für den poetischen Realismus angesehen werden können. Die Beobachtungen der Schüler werden von der Lehrkraft aufgegriffen und ergänzt, so dass eine begründete Einordnung in die Epoche möglich wird.

Erläuterungen. Insgesamt kann man festhalten, dass die Wirklichkeit in der Novelle sehr anschaulich wiedergegeben wird. Deutlich wird das an der detaillierten Darstellung von Schauplätzen oder Personen, insbesondere in zentralen Passagen. Dieser Detailrealismus bleibt allerdings nicht bei hässlichen Einzelheiten stehen, denn der verfallene Hof Vrenchens beispielsweise wirkt manchmal fast etwas idyllisch. Alles Poetische und Symbolhafte ist in das Alltägliche eingebunden und mit ihm eng verknüpft. Das gilt für den mittleren Acker, für den Steg über den Fluss, für den Steinhaufen, für das Lebkuchenherz, das die Sehnsucht nach Heimat ausdrückt, für das Paradiesgärtlein, das für die Heimatlosen ein Paradies ist, wo keine bürgerlichen Moralvorstellungen gelten, und auch noch für das Heuschiff, das an das solide Bauernleben erinnert.

Realistische Elemente:

- Heranziehen psychologischer und sozialer Kenntnisse, um das Handeln der Figuren überzeugend zu motivieren
- Gesellschaftskritischer Ansatz, der sich gegen die gesellschaftliche Oberschicht wendet
- Verurteilung des Bürgertums, das eine Moral verlangt, die es selber nicht lebt
- Das Menschliche hängt für ihn immer mit einer konkreten gesellschaftlichen Situation zusammen.

Poetische Elemente:
- Vorausdeutungen und Symbolik verweisen auf das kommende Unglück.
- Virtuose Anwendung von Erzähltechniken, die das Geschehen nicht vollends erklären können und wollen
- Kunst soll zeigen, was für eine bestimmte Zeit und ein bestimmtes Volk kennzeichnend ist.

10.3 Vertiefung: Gottfried Kellers Existenzphilosophie (fakultativ)

Unterrichtsschritt. Das ARBEITSBLATT 10b ***Realismus als Lebenshaltung: Gottfried Kellers Existenzphilosophie*** wird zuerst in Einzelarbeit bearbeitet. Der Text des Arbeitsblatts ist auch in der zugrundeliegenden Ausgabe Reclam XL, S. 101 f., abgedruckt. Liegt sie vor, können die Arbeitsfragen an die Tafel geschrieben werden. Dann werden die Ergebnisse mit dem Sitznachbarn verglichen. Vor allem die Ergebnisse zur zweiten Aufgabe sollen besprochen werden, bevor sie im Unterrichtsgespräch vertieft werden.

EA / PA / UG

ARBEITSBLATT 10b

➤ S. 70

Erläuterungen zum ARBEITSBLATT 10b. Zu 1.: Mit dem »Aufgeben der sogenannten religiösen Ideen« wird, so Keller, die Welt schöner, poetischer und stimmungsvoller. Das Wesen des Menschen kann nun besser verstanden werden. Im Blick auf den Tod, der das irdische Leben absolut beendet, wird ihm das Leben wertvoller und intensiver, weil Versäumtes nicht in irgendeiner Weise nachgeholt werden kann.

Zu 2.: Bei den Überlegungen Salis und Vrenchens, aus dem Leben zu scheiden, spielen religiöse Überlegungen überhaupt keine Rolle. Auch keine andere Handlung irgendeiner anderen Figur wird religiös motiviert.

10.4 Vertiefung: Merkmale der Dorfgeschichte (fakultativ)

Unterrichtsschritt. In einem kurzen Lehrervortrag wird in Verbindung mit der VORLAGE 10b ***Dorfgeschichten*** einiges Wichtige zur Gattung der Dorfgeschichte erläutert. Inwieweit die Lehrkraft auf einzelne Autoren und ihre Werke eingeht, hängt von der vorhandenen Zeit und davon ab, welche der Werke die Lehrkraft besser kennt. Am Ende wird noch einmal durch Kontrollfragen geprüft, ob die Schülerinnen und Schüler die wichtigsten Informationen verstanden haben.

LV / UG

VORLAGE 10b

➤ S. 66

Erläuterungen. Die Gattung der Dorfgeschichte hat ihren Namen daher, dass sie im ländlichen Milieu spielt. Sie handelt von Bauern und ihrem alltäglichen Leben. Hof und Acker können als milieubildende Faktoren der dörflichen Gesellschaft angesehen werden, zu der gehört, wer im Dorf Heimatrecht besitzt. Die Figuren der Geschichten haben auch eine innere Verbundenheit zu der Landschaft, in der sie leben. Diese Landschaft, der sich in der Regel auch der Dichter heimatlich verbunden fühlt, wird oft liebevoll beschrieben und gestaltet. Manchmal entsteht fast der Eindruck einer ländlichen Idylle. Das lassen teils schon die Titel der Erzählungen ahnen. Bei der Dorfgeschichte handelt es sich um eine volkstümliche Form von Literatur, die als Reaktion auf die zunehmende Industrialisierung in Mode kommt. Vor allem Autoren aus der zweiten Hälfte des 19. Jahrhunderts nehmen auch eine distanziert-kritische Haltung zur dörflichen Gesellschaft ein.

10.5 Erarbeitung: *Romeo und Julia auf dem Dorfe* – eine Novelle

Unterrichtsschritt. Das ARBEITSBLATT 10c ***Der Gattungsbegriff der Novelle*** wird zuerst in Einzelarbeit erschlossen. Auch dieser Text ist in der zugrunde liegenden Ausgabe Reclam XL, S. 97-99, abgedruckt. Dann werden die Ergebnisse mit dem Sitznachbarn verglichen. Vor allem die Ergebnisse zur zweiten Aufgabe sollen besprochen werden, bevor sie im Unterrichtsgespräch vertieft werden.

EA / PA / UG

ARBEITSBLATT 10c

➤ S. 71

Darin nennt die Lehrkraft zusätzliche Merkmale:
- Unter Novelle versteht man eine Erzählung, die ein entscheidendes Ereignis im Leben eines Menschen beleuchtet.
- Die Novelle beschränkt sich auf das Wesentliche und kommt ziemlich schnell zum Höhepunkt, d.h. zum entscheidenden, meist unerwarteten Ereignis, das das Leben des Helden grundlegend ändert.

VORLAGE 10b

Dorfgeschichten

Prägende Autoren der ersten Hälfte des 19. Jahrhunderts

BERTHOLD AUERBACH
(1812–1882)

- realistische Beschreibung, aber auch Idealisierung des bäuerlichen Lebens
- Behaglichkeit, langsam-bedächtiger Lebensstil

Wichtiges Werk:
Schwarzwälder Dorfgeschichten (1843–1854)

JEREMIAS GOTTHELF
(d.i. Albert Bitzius, 1797–1854)

- Sehnsucht nach dem einfachen Leben
- Dorf als Refugium edler Menschen und der Garant natürlicher Sittlichkeit
- lehrhafte Absicht

Wichtige Werke:

- *Wie Uli, der Knecht, glücklich wird* (Roman, 1841, später: *Uli der Knecht*)
- *Die schwarze Spinne* (Erzählung, 1842)
- *Uli der Pächter* (Roman, 1849)

Wichtige Autoren der zweiten Hälfte des 19. Jahrhunderts

GOTTFRIED KELLER
(1819–1890)

MARIE VON EBNER-ESCHENBACH
(1830–1916)

LUDWIG ANZENGRUBER
(1839–1889)

LUDWIG GANGHOFER
(1855–1920)

- Typisch für die Novelle ist das Dingsymbol, das an entscheidenden Stellen der Geschichte immer wieder auftaucht (Wiederholung, vgl. 8.2, S. 49 f.).

Obwohl Keller von Novellen-Definitionen nicht viel hielt, entspricht seine Erzählung doch den allgemein anerkannten Hauptmerkmalen dieser Gattung. Sie ist nicht zu lang, wirkt auch mit den zwei Handlungsteilen klar und streng aufgebaut und besitzt eine einheitliche Handlungslinie ohne Nebenstränge. Sie weist mit dem Acker und vor allem dem Steinhaufen ein zentrales Symbol auf, hat auch einen Wendepunkt, nämlich die Begegnung auf der Brücke, und führt dann mit zielstrebiger Konsequenz auf das tödliche Ende hin.

Erläuterungen zum ARBEITSBLATT 10c.

Zum Arbeitsauftrag 1:

- Im Mittelpunkt steht ein ungewöhnliches, vielleicht sogar einmaliges Ereignis.
- Das erzählte Ereignis ist wichtiger als die Personen, die es erleben.
- Es geht nicht um ein umfassendes Bild der Wirklichkeit, sondern um ein Ereignis, das pointiert erzählt wird und häufig einen Wendepunkt aufweist.
- Der Zufall als schicksalsbestimmendes Moment spielt in der Novelle eine große Rolle.

Zum Arbeitsauftrag 2: Das Ereignis, das Keller beschreibt, ist ungewöhnlich, wenn auch nicht einmalig. Da der Hass der Väter und die Liebe der Kinder im Mittelpunkt stehen, werden nur wenige Episoden erzählt, zwischen denen größere zeitliche Lücken liegen, die in Form der Zeitraffung überbrückt werden.

Gottfried Keller als Vertreter des poetischen Realismus

Thomas Koebner zum Realismus in Kellers Novelle:

»*Der Erzähler als lebenskundiger Realist:* In eindringlicher Nahsicht auf die Vorgeschichte eines von zwei jungen Menschen gewählten Liebestodes verfolgt der Erzähler [...] Schritt für Schritt den Weg der beiden, zumal in den wichtigen Phasen, um sich und dem Leser begreiflich zu machen, weshalb Menschen unter bestimmten Umständen so handeln können. Der Erzähler will mehr sehen als ein Detektiv und mehr verstehen als ein Richter. Dies wird deutlich in den tiefschürfenden Bemerkungen zum jeweiligen Antrieb der Figuren. Er weiß, daß bei den meisten Taten nicht nur ein Motiv den Ausschlag gibt, daß es sich also um gemischte Beweggründe handelt, die Menschen bestimmen. Also strebt er danach, ebensowenig selbstgerecht zu sein wie etwa Annette von Droste-Hülshoff als Erzählerin der *Judenbuche*, die ihren Leitspruch aus dem Neuen Testament bezieht, daß nämlich nur der, der ohne Schuld sei, den ersten Stein werfen soll. Kein schnellfertiger Moralprediger spricht hier.

Der Erzähler als Prophet des unausweichlichen Unglücks: Etliche Vordeutungen, Signale der kommenden schlimmen Wendungen, und zahlreiche Korrespondenzen gliedern die erzählte Welt in eine symbolische Struktur, in der kaum ein zufälliges Detail, ein nebensächlicher Umstand Platz finden. Ob von Sternbildern oder Steinen, Häusern oder Blumen oder gar vom schwarzen Geiger die Rede ist – die Begriffe enthüllen mehrere Bedeutungen. Wie in angeschlagenen Akkorden klingen etliche Untertöne mit und verleihen der Erzählung den Charakter kunstfertiger Komplexität, einer fast ausgetüftelten ästhetischen Organisation, als sei hinter dem dichten Gitter der Bezüge jede Erlebnisspur zu verbergen, jedes Echo persönlichen Empfindens zu verdecken. Die Virtuosität des vielsinnigen Erzählens scheint zugleich die eigene Befindlichkeit des Erzählers nicht mehr zur Sprache kommen zu lassen, vielleicht aber auch davon ablenken zu wollen, daß er die Logik dieser Liebe bis in den Tod doch nicht ganz versteht, daß ein Rest unbegreiflich bleibt. Keller ist sich dessen bewußt, daß es nicht leichtfällt, einem Publikum von den alltäglichen Phänomenen zu sprechen, dem ›Volk‹ also die Wunder seiner Umwelt zu erläutern, die für das Volk keine Wunder darstellen. Es wird nur reagieren, wenn man ihm – so schlägt Auerbach vor – das Bedeutende im Gewöhnlichen aufweist. Keller geht in der Praxis weiter: Er will nicht nur keine Fallhöhe zwischen den Menschen in der Stadt und denen auf dem Lande akzeptieren. Im Schlußteil von Romeo und Julia auf dem Dorfe, den Keller bei der zweiten veränderten Auflage (1874) gestrichen hat, reißt ihn sein gesellschaftskritischer Impuls sogar zur Behauptung hin, daß wahre Leidenschaften, bei denen es ums Leben gehe, überhaupt nur noch bei einfachen Leuten zu finden seien – die feinen Damen und Herren würden dagegen frivole Spiele treiben, feige davor kneifen, für ihre Liebe mit allem einzutreten, und bestenfalls Inseratenkriege über Ver- und Entlobungen führen. Keller bedauerte kurz nach dem Erscheinen der Erstauflage von *Die Leute von Seldwyla* diese polemische Attacke. Sie verrät indes, wie entschlossen er dazu war, sein traditionell gering geschätztes Personal von Bauern und armen Leuten aufzuwerten, die Hütten mit derselben, aus Gründen des Ausgleichs sogar mit mehr Zuwendung zu bedenken, als sie sonst den Palästen zuteil geworden ist. Ein Rechtsprinzip, das der Gleichbehandlung, soll sich als Maxime der Poetik bewähren – dies nicht zuletzt bezeugt den republikanischen Charakter von Kellers Ästhetik. […]

Spätestens am Schluß, wenn die oberflächlich und biedersinnig verurteilende Zeitungsmeldung erwähnt wird, ist zu erkennen, daß die poetische Rekonstruktion des Falls eine Art Gegenplädoyer gegen philisterhafte Urteile darstellt und die Tugendmaske der selbstgefälligen öffentlichen Meinung durchstößt: Dichtung hellt das Dunkel hinter der banalen Tagesnachricht auf. Der Erzählung geht es darum, Figuren in bestimmten Konfliktsituationen vorzuführen, dramatische Szenen zu erfinden, in denen die Interessen aufeinander prallen, auch immer wieder eine Bedächtigkeit gebietende Distanz zu den Konflikten einzulegen.«

Reclam Klassiker auf CD-ROM. Gottfried Keller: Romeo und Julia auf dem Dorfe.
Hrsg. von Thomas Koebner. Stuttgart: Reclam, 1999.

Wolfgang Preisendanz zum »Poetischen Realismus« in Kellers Novelle:

»Für Kellers so beschlagene wie erfindungsreiche, so bizarre wie reelle Phantasie gibt es kein Privates ohne den Einschlag des Öffentlichen, kein Seelisches ohne das Komplement des Gesellschaftlichen, kein Persönliches ohne das Gepräge des Zeitbedingten, kein Individuelles ohne die Brechungen der bürgerlichen, kulturellen und ökonomischen Verhältnisse. Wohl schreibt er einmal in bezug auf Gotthelf als Volksschriftsteller: ›Ewig sich gleich bleibt nur das, was rein menschlich ist, und dies zur Geltung zu bringen ist die wesentliche Aufgabe aller Poesie.‹ Entscheidend ist aber, daß er dieses ewig identische Menschliche nicht jenseits der prosaischen wirklichen Wirklichkeit anzutreffen gedenkt, sondern mitten in ihr: als ›konkretes Menschentum‹, von dessen Verschränkung mit den gesellschaftlichen, politischen, ökonomischen und kulturellen Faktoren nicht abzusehen ist. Gerade in der Zeit seiner ersten Erzählwerke und -entwürfe spricht er immer wieder aus, es komme darauf an, das ewig sich gleichbleibende rein Menschliche im jeweils konkreten Menschentum zu erschließen und zu vergegenwärtigen […]. Denn so wie das Neue in der Kunst könne auch das Poetische nichts anderes sein als ›der gelungene Ausdruck des Innerlichen, Zuständlichen und Notwendigen, das jeweilig in einer Zeit und in einem Volke steckt, etwas sehr Nahes, Bekanntes und Verwandtes, etwas sehr Einfaches‹. Erfahrungswirklichkeit und Imagination stehen sich nicht als Prosa und Poesie entfremdet und entzweit gegenüber, prosaische und poetische Realität bilden keinen Gegensatz; vielmehr muß sich die poetische Realität als eine Dimension der prosaischen erweisen.«

Wolfgang Preisendanz: Gottfried Keller. In: Benno von Wiese (Hrsg.):
Deutsche Dichter des 19. Jahrhunderts. Ihr Leben und Werk. Berlin: Schmidt, [2]1979. S. 517.

Arbeitsaufträge:

1. Was wird in den beiden Texten aus der Sekundärliteratur bei Keller als realistisch, was als poetisch eingestuft?
2. Wie wird das Verhältnis zwischen realistischen und poetischen Bestandteilen beschrieben?

ARBEITSBLATT 10b

Realismus als Lebenshaltung: Gottfried Kellers Existenzphilosophie

Gottfried Keller studierte 1848–50 in Heidelberg. Dort lernte er den Philosophen Ludwig Feuerbach (1804–1872) kennen, einen Religionskritiker und Vertreter einer radikalen Diesseits- und Wirklichkeitsorientierung. Dessen materialistische Weltsicht beeinflusste Keller nachhaltig.

In einem Brief an seinen Freund, den Pianisten und Dirigenten Wilhelm Baumgartner (1820–1867) vom 27. März 1851, also wenige Jahre vor der Veröffentlichung von *Romeo und Julia auf dem Dorfe*, erläutert Keller, was die Begegnung mit Feuerbach für seine schriftstellerische Arbeit und sein Realismusverständnis bedeutete.

»Sehr gefreut hat mich die Art, wie Du meinen Anschluss an Feuerbach aufgenommen hast, und ich ersehe daraus, dass Du die Sache im rechten Lichte ansiehst. Wie trivial erscheint mir gegenwärtig die Meinung, dass mit dem Aufgeben der sogenannten religiösen Ideen alle Poesie und erhöhte Stimmung aus der Welt verschwinde! Im Gegenteil! Die Welt ist mir unendlich schöner und tiefer geworden, das Leben ist wertvoller und intensiver, der Tod ernster, bedenklicher und fordert mich nun erst mit aller Macht auf, meine Aufgabe zu erfüllen und mein Bewusstsein zu reinigen und zu befriedigen, da ich keine Aussicht habe, das Versäumte in irgend einem Winkel der Welt nachzuholen. […]

[…] für die Kunst und Poesie ist von nun an kein Heil mehr ohne vollkommene geistige Freiheit und ganzes glühendes Erfassen der Natur ohne alle Neben- und Hintergedanken, und ich bin fest überzeugt, dass kein Künstler mehr eine Zukunft hat, der nicht ganz und ausschließlich sterblicher Mensch sein will. Daher ist mir auch meine neuere Entwicklung und Feuerbach für meine dramatischen Pläne und Hoffnungen weit wichtiger geworden als für alle übrigen Beziehungen, weil ich deutlich fühle, dass ich die Menschennatur nun tiefer zu durchdringen und zu erfassen befähigt bin. Jedes dramatische Gedicht wird um so reiner und konsequenter sein, als nun der letzte *Deus ex machina* verbannt ist, und das abgebrauchte Tragische wird durch den wirklichen und vollendeten Tod einen neuen Lebenskeim gewinnen.«

Gottfried Keller: Gesammelte Briefe. In vier Bänden hrsg. von Carl Helbling. Bd. 1. Bern: Benteli, 1950. S. 290 f.

Arbeitsaufträge:

1. Welche Vorzüge sieht Keller in einer rein materialistischen Weltanschauung?
2. Prüfen Sie, inwieweit die Novelle *Romeo und Julia auf dem Dorfe* dieser atheistischen Weltsicht entspricht.

ARBEITSBLATT 10c

Der Gattungsbegriff der Novelle

Romeo und Julia auf dem Dorfe wird vom Autor als »Novelle« bezeichnet. Dies ist ein Gattungsbegriff, der eine lange literarische Tradition hat und mit mehr oder weniger spezifischen Textmerkmalen verbunden ist.

»[Es] lassen sich bestimmte Grundzüge des novellistischen Erzählens – ich bevorzuge diesen Ausdruck vor der allzu starren Gattungsbezeichnung ›Novelle‹ – hervorheben. Es handelt sich hier um Prosa-, in seltenen und meist früheren Fällen auch um Verserzählungen von geringerem Umfang, die ein bestimmtes, herausgehobenes, mehr oder weniger ungewöhnliches Ereignis berichten. ANDRÉ JOLLES definiert in seiner Einleitung (1921) zu Boccaccios ›Decameron‹: ›Unter einer Novelle verstehen wir die Darstellung einer Begebenheit oder eines Ereignisses von eindringlicher Bedeutung, die uns als wahr anmutet. Dieses Ereignis führt uns die Novelle in einer Form vor, in der es uns wichtiger erscheint als die Personen, die es erleben. Auf das Geschehene kommt es an; die Psychologie, die Charaktere der Handelnden und Leidenden interessieren uns nicht an und für sich, sondern nur insoweit das Geschehene durch sie bedingt ist. Dadurch unterscheidet sich die Novelle vom Roman. Goethes ›Werther‹ und Merimées ›Carmen‹ zeigen beide inhaltlich, wie ein Mann an seiner Liebe zugrunde geht; aber Goethes Roman schildert den Mann, Merimées Novelle das Zugrundegehen, der eine gibt einen Menschen und sein Schicksal, der andre das Schicksal und einen Menschen. […] In dem Roman umgeben die Abenteuer das Bildnis des Helden, die Novelle hat keinen Helden; ihre Personen sind nur wichtig, insoweit sie die Begebenheiten verursachen, nur gut gezeichnet, insoweit uns durch sie das Ereignis den Eindruck des Wahrhaftigen macht. Das gleiche gilt für die Schilderung der Zustände und der Umgebung; auch sie kommen nur in Betracht, sofern sie uns die Ereignisse begreiflicher machen oder dazu beitragen, sie uns als wirklich erscheinen zu lassen.‹ […]

Charakteristisch für die Novelle ist der grundsätzliche Vorrang des Ereignisses vor den Personen und den Dingen. Das hebt auch GOETHES mehr beiläufige und keineswegs erschöpfende spätere Definition hervor: ›… denn was ist eine Novelle anders als eine sich ereignete unerhörte Begebenheit‹ (Gespräch mit Eckermann vom 29. Jan. 1827). Diese Definition trifft aber dennoch einen zentralen Punkt, und sie geht darin – sei es gewollt, sei es ungewollt – bis auf CERVANTES zurück. […] Bei CERVANTES, aber auch bei BOCCACCIO, BANDELLO, MARGARETE VON NAVARRA und zahlreichen anderen ist Novelle immer wieder die Darstellung eines Ereignisses, dessen Pointe in einer so seltsamen und nicht voraussehbaren Wendung liegt, daß sie ›novella‹, das heißt ›neu‹, ›noch nie gehört‹ genannt werden kann. Wahrscheinlich hat auch Goethe das Adjektiv ›unerhört‹ mehr im ursprünglichen Sinne von *noch nicht gehört* gemeint und nicht, wie es die romantische Interpretation der Novelle in Deutschland nahelegt, im Sinne von ›außerordentlich‹, ›schaudervoll‹ oder gar ›märchenhaft wunderbar‹. […]

Die Novelle bevorzugt im Gegensatz zum Roman den *Einzelfall*, der nicht deutend in einen Weltzusammenhang eingeordnet zu werden braucht. Novellen werden in erster Linie um ihrer selbst willen, um ihres überraschenden Wahrheits- und Wirklichkeitsgehaltes willen erzählt. Daher liebt die Novelle das Zufällige, die Launen des Schicksals, die Paradoxien der Erfahrung. Der *Zufall* als Regent in der Novelle kann in sehr verschiedener künstlerischer Funktion auftreten: einmal als beispielhaft für das Undurchschaubare und Unberechenbare der menschlichen Erfahrungswelt, dann aber auch wieder als sinnbildliches, ja metaphysisches Zeichen des Schicksals oder auch als Ausdruck eines ironischen Spiels des Erzählers mit dem Erzählten. ADALBERT STIFTER hebt in der Urfassung seiner Erzählung ›Der beschriebene Tännling‹ in den ›Studien‹ einmal einen ›jener Zufälle‹ hervor, ›die es lieben, die Dinge auf die Spitze zu stellen‹. Damit ist ein wesentliches Moment novellistischen Erzählens gesehen, nämlich die Verbindung von Zufall, Spannung und leitendem Spitzenmotiv, dem dann alle weiteren Nebenmotive untergeordnet werden müssen.«

Benno von Wiese: Novelle. Stuttgart: Metzler, [8]1982. S. 4–9.

Arbeitsaufträge:

1. Welche Merkmale novellistischen Erzählens kann man aus dem Text ableiten?
2. Prüfen Sie, ob Kellers Novelle diesen Merkmalen entspricht!

11 Ansichten über die Novelle beurteilen

Sachanalyse

Wenn ein neues literarisches Werk erscheint, ist es erst einmal für die Feuilletons der Zeitungen und andere Medien interessant, die sich mit dem kulturellen Geschehen beschäftigen. Bei weitem nicht alles, was auf den Markt kommt, wird dann im zweiten Rezeptionsschritt zu einem Thema für die wissenschaftliche Forschung. Nur ein kleinerer Teil der Werke, die die Wissenschaft beschäftigt haben, wird dann für die Besprechung im Schulunterricht pädagogisch aufbereitet. Von den Werken, die irgendwann mal in einem Lehrplan oder einer Vorschlagsliste auftauchten, können nur relativ wenige zum Standardrepertoire des Unterrichts gezählt werden. Dazu gehört auch *Romeo und Julia auf dem Dorfe.*

Dass ein Werk auch noch zum allgemeinen kulturellen Bestand und Erbe einer Gesellschaft gehört, wird daran deutlich, dass es von anderen noch einmal neu bearbeitet oder parodiert wird. Für eine Parodie war das Thema der Novelle wohl zu ernst. Aber es gibt eine musikalische Bearbeitung. Frederick Delius hat eine Oper geschrieben, die er ein *Lyrisches Drama in sechs Bildern nach Gottfried Kellers Novelle* nannte und die 1907 uraufgeführt wurde. Sie wurde noch Jahrzehnte später gelegentlich aufgeführt, 1994 erschien auch eine CD.

Die erste Verfilmung der Novelle entstand 1940 in Frankreich, ein Jahr später wurde die Novelle in der Schweiz in der authentischen Landschaft verfilmt. Trotz guter Kritiken wurde der Film kein Erfolg. Dieses Schicksal war auch den vier weiteren Verfilmungen beschieden. Keine dieser Verfilmungen wurde auf DVD veröffentlicht. Damit ist es auch nicht möglich die filmische Adaption in den Unterricht einzubeziehen. Interessant für den Unterricht ist allerdings *Sommers Weltliteratur to go*. Dabei handelt es sich um Kurzfilme, die in etwa zehn Minuten die Handlung erzählen und dafür gemalte Kulissen und Playmobil-Figuren verwenden. Die bewusste Beschränkung auf zehn Minuten bewirkt, dass die Handlung auf die wichtigen Grundlinien des Geschehens reduziert wird. Diese Vereinfachung der Handlung sowie die moderne, manchmal etwas freche Sprache schaffen einen ersten Zugang und machen neugierig auf das Original.

Eine Besonderheit an Kellers Novelle besteht auch darin, dass er seine Aufgabe nicht darin sieht, die gängige Moral des damaligen Bürgertums zu propagieren und zu verteidigen. Das hat sicher auch damit zu tun, dass sich Keller unter dem Einfluss Feuerbachs von der christlich-bürgerlichen Wertewelt seiner Zeit abkehrte. Vielmehr kritisiert der Autor diese Moral, denn sie wird von ihm als inhuman und unnatürlich eingestuft und auch vom ›guten‹ Bürgertum selber nicht gelebt. Sie dient eher dazu, das einfache Volk zu disziplinieren und zu erziehen. Dieser bürgerlichen Moral stellt Keller das natürliche menschliche Empfinden des einfachen Volks gegenüber. Das aber führte im 19. Jahrhundert im Bildungsbürgertum zu Diskussionen über die Novelle. Keller wurde angegriffen, weil seine Novelle die Unmoral fördere, denn Sali und Vrenchen verbringen die Nacht miteinander, ohne ordentlich verheiratet zu sein. Für den heutigen Menschen ist es erstaunlich, wie intensiv die Fragen der Sittlichkeit damals diskutiert wurden und welches Gefährdungspotential für die Gesellschaft und vor allem für die Jugend darin gesehen wurde. Es ist außerdem bemängelt worden, dass Keller die Darstellung, dass die beiden gemeinsam bewusst in den Tod gehen, nicht kritisch kommentierend begleitete, so dass ihm auch noch vorgeworfen wurde, den Selbstmord zu rechtfertigen. Natürlich wurde Keller auch verteidigt, außerdem gab es schon damals Zeitgenossen, die erst einmal die Schönheit der Dichtung und mehr das Menschliche als das Moralische wahrnahmen. Im Lauf der Zeit wurde auch die Kritik an der angeblichen Unmoral des Autors leiser. Schließlich ist die Novelle absolut kein unmoralisches Werk. Sie zeigt, wie ein junges Paar, das die bürgerlichen Werte seiner Zeit verinnerlicht hat und wirklich danach gelebt hätte, an einer Gesellschaft scheitert, für die Moral nur eine Floskel ist, hinter der sich Gier und Hartherzigkeit verbergen. Keller will keine verlogene Scheinmoral, sondern eine Menschlichkeit, die über starren Regeln steht.

Unterrichtsverlauf

Überblick. In einem ersten Schritt sollen die Schülerinnen und Schüler ihre Meinung zu dem Werk artikulieren und austauschen. Dann werden sie anhand eines zeitgenössischen Textes mit dem Begriff der »Rezeption« vertraut gemacht. In Klassen der Oberstufe kann dieser Begriff als bekannt vorausgesetzt werden. In diesem Fall ist es sinnvoller, sich mit der Rezeptionsgeschichte von Kellers Novelle zu befassen. Abschließend wird als Beispiel für eine filmische Umsetzung der Kurzfilm von *Sommers Weltliteratur to go* gezeigt und diskutiert.

Phase	Thema	Sozialform	Kompetenzen und Lernziele	Materialien
Voraussetzungen: Kenntnis der gesamten Novelle				
11.1	Einstieg: Ansichten der Schülerinnen und Schüler zur gelesenen Lektüre	UG	• Ein begründetes Urteil zu der Novelle formulieren können • Die eigene Position in einer Diskussion vertreten • Den Begriff »Rezeption« kennenlernen	
11.2a	Erarbeitung (Variante Mittelstufe): Die Rezension Berthold Auerbachs erschließen und beurteilen	PA / UG	• Einen Text der Sekundärliteratur inhaltlich erschließen • Die Wertung eines Rezensenten kritisch überprüfen	ARBEITSBLATT 11a ➤ S. 77 TAFELBILD 11a ➤ S. 74
11.2b	Erarbeitung (Variante Oberstufe): Ansichten zur Novelle im Wandel der Zeiten	EA / PA / UG	• Auszüge aus der Sekundärliteratur inhaltlich erschließen • Unterschiedliche Ansichten zur Novelle vor dem zeitgeschichtlichen Hintergrund erklären und beurteilen	ARBEITSBLATT 11b ➤ S. 78 TAFELBILD 11b ➤ S. 75
11.3	Vertiefung: *Romeo und Julia auf dem Dorfe* in *Sommers Weltliteratur to go*	UG	• Besonderheiten und Merkmale einer Verfilmung erkennen und benennen • Stil und Qualität der Bearbeitung beurteilen und diskutieren	Video (online)
HA	Eine Analyse eines Textabschnitts als Übungsaufsatz verfassen			*Romeo und Julia auf dem Dorfe*, Reclam XL, S. 3–5

Die Stunde bietet zwei Varianten für die Erarbeitungsphase: Für die Mittelstufe geeignet ist 11.2a, für die Oberstufe 11.2b.

11.1 Einstieg: Ansichten der Schülerinnen und Schüler zur gelesenen Lektüre

Unterrichtsschritt mit Erläuterungen. Am Anfang werden die Schüler aufgefordert, ihre Meinung zu der gelesenen Lektüre zu äußern. Dabei wird nicht mehr von ihnen erwartet, als auszusprechen, wie ihnen das Buch gefallen hat und was die Gründe für ihre Einschätzung sind. Trotzdem muss die Lehrkraft vor allem in Klassen der Mittelstufe wohl gezielt Fragen stellen oder Impulse geben, um Hemmungen zu überwinden, sich an so einem Gespräch zu beteiligen. Ziel wäre es, dass sich eine Diskussion entwickelt, in der Argumente ausgetauscht und auf ihre Stichhaltigkeit geprüft werden. Am Ende dieser Phase erklärt die Lehrkraft den Begriff »Rezeption« (Art und Weise, wie ein Werk vom Erscheinen bis heute durch Leser und Wissenschaftler beurteilt wird) und kündigt an, dass sich die Klasse in dieser Stunde mit Ansichten und Bearbeitungen zu *Romeo und Julia auf dem Dorfe* beschäftigen wird. UG

11.2a Erarbeitung (Variante Mittelstufe): Die Rezension Berthold Auerbachs erschließen und beurteilen

PA / UG

ARBEITSBLATT 11a
➤ S. 77
TAFELBILD 11a
➤ S. 74

Unterrichtsschritt. In Partnerarbeit wird der Text des ARBEITSBLATTS 11a ***Das Urteil eines Zeitgenossen: »Romeo und Julia auf dem Dorfe« als Inbegriff realistischer Dichtung*** erschlossen und dann im Unterrichtsgespräch als Beispiel für die zeitgenössische Rezeption diskutiert. Die wesentlichen Aspekte können im TAFELBILD 11a festgehalten werden. Dieser Text bietet auch Gelegenheit, noch einmal wesentliche Merkmale des poetischen Realismus und die gesellschaftliche Situation zur Zeit Kellers zu wiederholen.

Erläuterungen zu ARBEITSBLATT 11a. Auerbach lobt die hohe Qualität des Werks, denn jeder Teil der Handlung sei in sich stimmig aufgebaut, motiviert und zusammengefügt. Die Geschichte wirke lebensecht und damit volkstümlich. Das gelte auch für das moralisch Heikle, die Hochzeitsnacht auf dem Heuschiff und den Selbstmord des verzweifelten Paars.

Kritisiert wird der Hinweis, dass die Novelle auf einem wirklichen Vorfall beruht, denn es komme nicht darauf an, ob es wirklich geschehen ist, sondern ob die Handlung und das Handeln der Figuren realistisch wirke, also überzeugend motiviert sei.

Die Schüler werden der ästhetischen Einschätzung nicht widersprechen, aber vielleicht Unverständnis zu dem äußern, was der Rezensent als verfängliche Situationen bezeichnet hat.

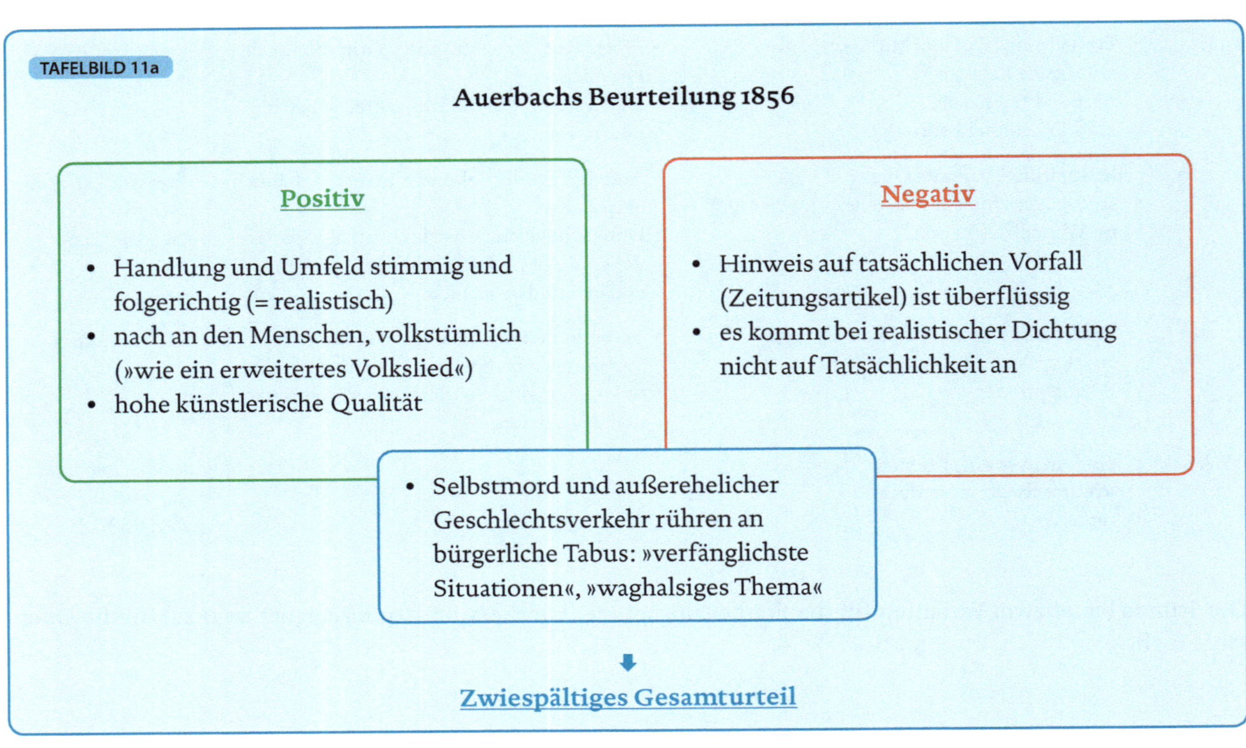

11.2b Erarbeitung (Variante Oberstufe): Ansichten zur Novelle im Wandel der Zeiten

EA / PA / UG

ARBEITSBLATT 11b
➤ S. 78
TAFELBILD 11b
➤ S. 75

Unterrichtsschritt. Das ARBEITSBLATT 11b ***Dokumente zur Wirkungsgeschichte*** wird in Einzelarbeit bearbeitet, die Ergebnisse in Partnerarbeit abgeglichen und im Unterrichtsgespräch diskutiert sowie im TAFELBILD 11b gesichert.

Erläuterungen. Die Leitfragen sollen nur dazu dienen, grundsätzlich festzustellen, welch hohe Bedeutung moralische Fragen für die Welt des Bildungsbürgertums in Kellers Zeit hatten. Das änderte sich erst im 20. Jahrhundert, als andere Aspekte in den Vordergrund traten. Bei der Beurteilung durch die Klasse wird die Frage des Wertewandels im Mittelpunkt stehen.

In der Zeit des poetischen Realismus wird der Vagabund, der ungebunden in freier Natur lebt, nicht mehr romantisiert. Das gilt gleichermaßen für die Außenseiterexistenz des Künstlers, der in der Romantik als Gegensatz

TAFELBILD 11b

Die Rezeption von Kellers Novelle

Unverändert:

Lob für seine Erzähl- und Darstellungskunst, z.B. Leben des einfachen Volks, Motivierung des Handelns der Personen

Wandel in der Beurteilung:

19. Jahrhundert:		20. Jahrhundert:
Kritik an der Darstellung der Liebesbeziehung und des Selbstmords	➡	Sali und Vrenchen als Personen, die in natürlicher Sittlichkeit Verantwortung für ihr Leben übernehmen

zum bürgerlichen Philister dargestellt wurde. Es geht den Autoren in der zweiten Hälfte des 19. Jahrhunderts eher darum, eine Welt zu zeigen, wie sie ist, sich nicht zum Handlanger bürgerlicher Moralvorstellungen zu machen und eine betuliche Familienliteratur zu veröffentlichen, die am echten Leben vorbeigeht. Die Stimmen aus der zweiten Hälfte des 19. Jahrhunderts machen deutlich, dass Keller Widerspruch auslöste, weil ihm unterstellt wurde, er rechtfertige unerlaubte Liebesbeziehungen und den Selbstmord. Spätere Äußerungen prüfen eher, wie überzeugend Keller das Handeln der Menschen vor dem Hintergrund der damaligen Gesellschaft darstellt.

Der Lerngruppe soll deutlich werden, dass die literarischen Urteile stets vor dem Hintergrund der historisch sich wandelnden gesellschaftlichen Wertvorstellungen erfolgen und dass das auch heute für das (zu Beginn der Stunde formulierte) eigene Urteil gelten dürfte.

11.3 Vertiefung: *Romeo und Julia auf dem Dorfe* in *Sommers Weltliteratur to go*

Unterrichtsschritt. Der Kurzfilm *Romeo und Julia auf dem Dorfe* in *Sommers Weltliteratur to go* wird vorgeführt (online verfügbar unter: youtu.be/aVkBpWff65I, Stand: 5.4.2019). Dann wird besprochen, wie das Werk präsentiert worden ist. Dabei wird herausgestellt, dass eine sehr positive Einschätzung der Novelle vorliegt, und die Frage diskutiert, ob die Lerngruppe dem zustimmt. Auch die Art der filmischen Umsetzung soll diskutiert und beurteilt werden.

UG

Video (online)

Erläuterungen. Die Novelle wird als eines der schönsten Bücher bezeichnet, was auch auf die lange Entstehungszeit zurückgeführt wird. Der Gang der Handlung wird in dem Kurzfilm klar nachvollzogen, z.B. auch indem Dialoge verkürzt und vereinfacht werden. Handlungselemente mit einer symbolischen Bedeutung, die aber für den Gang der Handlung von geringer Bedeutung sind, werden nur knapp angesprochen, z.B. die Kinderspiele von Sali und Vrenchen in der Mittagspause. Die Sprache wirkt locker, verwendet bewusst moderne Begriffe, auch durch die Art des Vortrags und die Verwendung von Playmobil-Figuren wird der Eindruck von ›hoher Kultur‹ vermieden.

Hausaufgabe

Eine Analyse eines Textabschnitts als Übungsaufsatz verfassen. (Die Abgabe muss vor der nächsten Stunde erfolgen, damit die Ergebnisse in der Stunde besprochen werden können.)

Textgrundlage: *Romeo und Julia auf dem Dorfe*, Reclam XL, S. 3, Z. 1 – S. 5, Z. 31 (Beginn der Novelle: »Diese Geschichte zu erzählen …« bis »… welches lachend an ihren Bergen hinschwebte«).

Arbeitsaufträge:

A. Für die Oberstufe:

1. Analysieren Sie den Aufbau des Textauszugs und stellen Sie dabei jeweils dar, wie die beiden Bauern beschrieben werden.
2. Untersuchen Sie die Erzähltechnik und belegen Sie Ihre Beobachtungen am Text.
3. Zeigen Sie, dass Gottfried Keller mit seiner Sprache versucht, den Eindruck eines ruhigen, friedlichen Landlebens entstehen zu lassen.

B. Für die Mittelstufe:

1. Teile den Textausschnitt in Sinnabschnitte und beschreibe in jeweils einem Satz, wie die beiden Bauern dargestellt werden.
2. Erkläre, inwiefern der Textausschnitt von einem auktorialen Erzähler erzählt wird. Gibt es Unterschiede zwischen den Abschnitten? Beachte dabei auch die Zeitverhältnisse (erzählte Zeit / Erzählzeit).
3. Mit welchen sprachlichen Mitteln erzielt Keller den Eindruck eines ruhigen, friedlichen Landlebens?

Das Urteil eines Zeitgenossen: *Romeo und Julia auf dem Dorfe* als Inbegriff realistischer Dichtung

Der Schriftsteller Berthold Auerbach (1812–1882) rühmt in einer Rezension *Romeo und Julia auf dem Dorfe* als ein »Kunstwerk […], das nicht viele seines Gleichen in der deutschen Literatur hat«:

»Bevor ich zu der dritten Erzählung [aus der Novellensammlung *Die Leute von Seldwyla*] übergehe, die ich mit dem höchsten Lob hervorheben möchte, muss ich dem Dichter einen schweren Vorwurf machen: er hat an den Schluss dieser Erzählung und sogleich an den Anfang der nächsten die Versicherung gestellt dass sie ›durchaus nicht etwa erfunden seien‹, sondern ›auf einem wahren Vorfall beruhen‹. Das ist kurzweg gesagt ein Philisterzopf [überflüssig]. Wozu sollen diese Versicherungen der bloßen Wirklichkeit? […] Es kommt in der realistischen Dichtkunst, die vom Leben ansetzt, nur darauf an dass die innere Wahrheit und Notwendigkeit sich herausarbeite. Die realistische Dichtung hat ihr Hauptaugenmerk in der Motivierung, in der Herbeiführung der Notwendigkeit des Geschehenden, ob dieses auch in der äußern Welt so war, tut nichts dazu […]. Und in der dritten Erzählung ›Romeo und Julia auf dem Dorfe‹, hat der Dichter mit solcher Meisterschaft eine so berückende und bezwingende Notwendigkeit und Folgerichtigkeit herbeigeführt, dass er in dieser Erzählung im Bau des Ganzen wie in wahrhaft berauschenden Einzelheiten ein Kunstwerk geschaffen, das nicht viele seines Gleichen in der deutschen Literatur hat, und diese Erzählung allein müsste Gottfried Keller den Namen eines vollgediegenen Dichters zuwenden. Das Landschaftliche wie das Menschenleben, Empfindung und Schicksal, das langsam Genetische wie das plötzlich sich Entfaltende ist mit gleicher künstlerischer Innigkeit behandelt. Diese Geschichte ist wie ein erweitertes Volkslied, und dabei doch mit jener Behaglichkeit und Sorglosigkeit ausgeführt, wie wir sie in *Tristan und Isolde* finden, wobei die verfänglichsten Situationen mit reiner Naturtrieblichkeit erfasst sind. Es ist ein keckes und waghalsiges Thema, das Gottfried Keller hier aufgegriffen, aber es ist mit solcher Sicherheit und innerster Dezenz durchgeführt, dass es seine Rechtfertigung eben nur in solcher Ausführung darstellt.«

Berthold Auerbach: Gottfried Keller von Zürich. In: Augsburger Allgemeine Zeitung Nr. 108. 17. April 1856. Beilage. S. 1721–23.

Arbeitsaufträge:

1. Was wird von Berthold Auerbach an Kellers Novelle gelobt?
2. Welche Kritikpunkte bringt er vor?
3. Wie beurteilst du Auerbachs Rezension?

Dokumente zur Wirkungsgeschichte

1. Aus der ausführlichen Besprechung der *Leute von Seldwyla* durch Berthold Auerbach (1812–1882), die unter dem Titel *Gottfried Keller in Zürich* erschien:

»Bevor ich zu der dritten Erzählung [aus der Novellensammlung *Die Leute von Seldwyla*] übergehe, die ich mit dem höchsten Lob hervorheben möchte, muss ich dem Dichter einen schweren Vorwurf machen: er hat an den Schluss dieser Erzählung und sogleich an den Anfang der nächsten die Versicherung gestellt dass sie ›durchaus nicht etwa erfunden seien‹, sondern ›auf einem wahren Vorfall beruhen‹. Das ist kurzweg gesagt ein Philisterzopf [überflüssig]. Wozu sollen diese Versicherungen der bloßen Wirklichkeit? […] Es kommt in der realistischen Dichtkunst, die vom Leben ansetzt, nur darauf an dass die innere Wahrheit und Notwendigkeit sich herausarbeite. Die realistische Dichtung hat ihr Hauptaugenmerk in der Motivierung, in der Herbeiführung der Notwendigkeit des Geschehenden, ob dieses auch in der äußern Welt so war, tut nichts dazu […]. Und in der dritten Erzählung ›Romeo und Julia auf dem Dorfe‹, hat der Dichter mit solcher Meisterschaft eine so berückende und bezwingende Notwendigkeit und Folgerichtigkeit herbeigeführt, dass er in dieser Erzählung im Bau des Ganzen wie in wahrhaft berauschenden Einzelheiten ein Kunstwerk geschaffen, das nicht viele seines Gleichen in der deutschen Literatur hat, und diese Erzählung allein müsste Gottfried Keller den Namen eines vollgediegenen Dichters zuwenden. Das Landschaftliche wie das Menschenleben, Empfindung und Schicksal, das langsam Genetische wie das plötzlich sich Entfaltende ist mit gleicher künstlerischer Innigkeit behandelt. Diese Geschichte ist wie ein erweitertes Volkslied, und dabei doch mit jener Behaglichkeit und Sorglosigkeit ausgeführt, wie wir sie in Tristan und Isolde finden, wobei die verfänglichsten Situationen mit reiner Naturtrieblichkeit erfasst sind. Es ist ein keckes und waghalsiges Thema, das Gottfried Keller hier aufgegriffen, aber es ist mit solcher Sicherheit und innerster Dezenz durchgeführt, dass es seine Rechtfertigung eben nur in solcher Ausführung darstellt. […]

Es sei mir gestattet hier noch auf den Unterschied hinzudeuten, den diese Behandlung des gewählten Stoffes von der Romantik unterscheidet. Ein Romantiker hätte in der Lust an dem Vagabundarischen den schwarzen Geiger, der als Heimatloser um sein Vatergut betrogen wird, zum Helden gemacht. Der realistische Dichter wählt das Liebespaar, das sich bürgerlich und gemütlich retten will und doch in den Untergang verfällt.«

Berthold Auerbach: Gottfried Keller von Zürich. In: Augsburger Allgemeine Zeitung Nr. 108. 17. April 1856. Beilage. S. 1721–23.

2. *Literaturblatt des Deutschen Kunstblatts* 1856:

»Was wir an der Katastrophe zu tadeln haben ist dieses, dass die Leidenschaft ausschließlich auf den Genuss gerichtet ist, den Zusammenhang mit dem Sittlichen abbricht und eben dadurch auch mit dem absichtlichen Selbstmord keine Sühne und Ausgleichung mit der sittlichen Welt sondern nur eine fortgesetzte und letzte Auflehnung gegen dieselbe bewirkt wird.«

Literaturblatt des Deutschen Kunstblatts. 3 [1856]. S. 62.

3. Theodor Fontane (1819–1898) in einer Rezension von 1883:

»Hier wird historisch nicht geprudelt [gepfuscht], aber der Effekt dieser wundervollen Erzählung doch dadurch beeinträchtigt, dass die erste Hälfte ganz in Realismus, die zweite ganz in Romantizismus steckt; die erste Hälfte ist eine das echteste Volksleben bis ins kleinste hinein wiedergebende Novelle, die zweite Hälfte ist, wenn nicht ein Märchen, so doch durchaus märchenhaft. Und warum? Weil dieser Märchenton leichter zu treffen ist als der der Wirklichkeit. Wer nicht ganz mit und unter dem Volke gelebt hat, hat diesen Ton auch nicht, er muss ihn sich also aus diesen und jenen Reminiszenzen [Erinnerungen] aufbauen. Dies mit zwei alten störrigen Bauern zu tun, glückt einem Talent wie dem Kellerschen, den *wirklichen* Ton eines 16-jährigen Dorfmädchens und eines 20-jährigen Bauernburschen zu treffen, ist aber fast unmöglich, und so muss der Märchenton aushelfen. So sprechen sie denn nicht wie ›Vrenchen und Sali‹, sondern wie ›Brüderchen und Schwesterchen‹, wogegen nichts zu sagen wäre, wenn die ganze Geschichte dem entspräche; aber das allmähliche Hineingeraten aus mit realistischem Pinsel gemalter Wirklichkeit in romantische Sentimentalität […] ist nicht gutzuheißen. Die Zartheit, das Wegfallen alles Harten und Störenden, wodurch die zweite Hälfte dieser Erzählung sich auszeichnet, ist schließlich doch nur das Resultat einer nicht vollkommen ausreichenden Kraft. Keller hat hier aus der Not eine Tugend gemacht.«

Zit. nach: Gottfried Keller im Spiegel seiner Zeit. Hrsg. von Alfred Zäch. Zürich 1952. S. 111.

ARBEITSBLATT 11b (Seite 2 von 2)

4. Georg Brandes (1842–1927) über die Aufnahme seiner Übersetzung von *Romeo und Julia auf dem Dorfe* in Dänemark:

»[…] Ich wurde beschuldigt, ›Die freie Liebe‹ in Dänemark einführen zu wollen, die zwei Novellen wurden so verschrien, dass keine Dame sie zu kaufen wagte, ja dass der Verleger sie nicht avertieren [ankündigen] wollte, und erst in diesem Jahr sie wieder zum Verkauf angezeigt hat […].« (1884)

»[…] Besonders stürzten sich die Rezensenten über ›die Unsittlichkeit‹ Kellers her. Der Umstand, dass in ›Romeo und Julia‹ die beiden jungen Menschen, nachdem sie sich ein einziges Mal umarmt haben, in ihrer Armut und Aussichtslosigkeit sich von dem Heuschiff in den kalten Fluss hinuntergleiten lassen, versetzte die Rezensenten in ein Delirium, das sich der Leserwelt mitteilte. Die Novellen ›predigten die freie Liebe‹, welche diese Journalisten, die privat ohne Ausnahme wie frohe Paviane lebten, öffentlich immer perhorreszierten [zu einem Schreckensbild machten]. Die Novellen ›predigten obendrein die Berechtigung des Selbstmords‹, und zwar ›in einem Lande, wo Selbstmord so häufig vorkam‹.« (1919)

Zit. nach: Ebd. S. 67.

5. Conrad Wilhelm Kambli 1891:

»Den zynischen Schluss dieser Novelle tadeln wir. […] Tragisch musste der Ausgang sein; aber warum nicht das Liebespaar untergehen lassen in dem Augenblick, da sie das Heuschiff besteigen wollen […]? Warum dem Leser zumuten sich vorzustellen, was noch vorgegangen von jenem Augenblick: an bis zu dem, da sie ins Wasser hinuntergleiten?«

Conrad Wilhelm Kambli: Gottfried Keller nach seiner Stellung zu Religion und Christentum, Kirche, Theologie und Geistlichkeit, Sankt Gallen 1891. S. 3 f.

6. Emil Ermatinger 1950:

»Wie Keller sich ursprünglich die sittliche und psychologische Entwicklung im einzelnen dachte, wissen wir nicht. Sicher aber ist, daß sie in der endgültigen Prosaform unter dem Einfluß der durch Feuerbach geklärten Naturfrömmigkeit steht. Wie diese das Recht und die Pflicht lehrt, die Freuden des natürlichen Lebens auszukosten, so läßt auch Keller Sali und Vrenchen den süßen Becher ihrer Liebe bis zum letzten Tropfen leeren. Aber Feuerbach, indem er den Kreis des menschlichen Lebens und Wirkens mit dem Diesseits begrenzt, kennt auch die sittliche Verantwortlichkeit des Menschen für seine Taten. So bildet der Stein, mit dem Sali Vrenchens Vater blödsinnig geschlagen, zwar kein Hindernis der Liebe, wohl aber ein Hemmnis für die gesetzliche Verbindung der beiden Liebenden und ein wirkliches Eheglück. Also nehmen sie mit festem Mute die Schnur ihres einzigen irdischen Lebens in die Hand, als die verantwortlichen Meister ihres Geschickes, und zerschneiden sie, nachdem sie ihres Daseins höchstes Glück ausgekostet. Sie handeln in der einfachen Größe natürlicher Sittlichkeit, die freilich mit der landläufigen Moral nichts zu tun hat.«

Emil Ermatinger: Gottfried Kellers Leben. Zürich: Artemis, 1950. S. 321.

7. Rudolf Wildbolz 1964:

»Der schwarze Geiger in der Novelle ›Romeo und Julia auf dem Dorfe‹ wird völlig realistisch eingeführt, er besitzt nichts von außermenschlicher Bezogenheit. Er verkörpert nicht das Außerwirkliche, sondern lediglich eine Außenzone des Menschlichen, nämlich des Daseins außerhalb der bürgerlichen Gesellschaft, die ihn verstoßen hat. Als Entrechteter und Verstoßener wirkt er aus seiner Ungeborgenheit hinein in die Zone der Geborgenheit.«

Rudolf Wildbolz: Gottfried Kellers Menschenbild. Bern/München: Francke, 1964. S. 29.

Arbeitsaufträge:

1. Welche unterschiedlichen Wertungen werden in den Textauszügen deutlich?
2. Erklären Sie die verschiedenen Sichtweisen aus der jeweiligen Entstehungszeit der Rezension.
3. Wie beurteilen Sie die damaligen Wertungen aus heutiger Sicht?

12 Einen Aufsatz schreiben

Sachanalyse

Die Besprechung von literarischen Werken führt in der Regel zu schriftlichen Leistungsnachweisen, also zu Aufsätzen. Dabei gibt es zwei grundsätzliche Möglichkeiten, entweder freie Themen oder materialgestützte Aufsätze.

Bei den freien Themen handelt es sich entweder um literarische Erörterungen oder um literarische Charakteristiken. Auch wenn die Verwendung der Lektüre erlaubt ist, setzen diese Aufsatzarten eine grundlegende Kenntnis des Werks voraus, können aber bei der Analyse weniger in die Tiefe gehen, weil sie das Ganze in den Blick nehmen wollen. Die literarische Charakteristik hat die Aufgabe, das Wesen einer literarischen Figur zu erfassen, die Beweggründe für ihr Handeln aufzuzeigen und womöglich zu einer Wertung zu gelangen. Folgende Gesichtspunkte können für die Charakterisierung einer literarischen Figur von Bedeutung sein, wenn der Dichter etwas dazu aussagt: das Äußere, psychische Merkmale, Sprache, Anlagen und Fähigkeiten, Einfluss anderer in Kindheit und Jugend, Einstellung zur Umwelt und zum Leben, Werte und Normen, Verhalten in wichtigen Situationen, innere Entwicklung im Lauf des Werks usw. Die literarische Erörterung bezieht sich meist auf das ganze Werk oder zumindest auf größere Abschnitte und wirft eine wichtige allgemeine Frage auf. Im Unterschied zu Interpretationsaufgaben wird hier also kein beigefügter Textauszug analysiert. Diese beiden Aufsatzformen eignen sich eher für die Oberstufe.

Interpretationsaufgaben, die sich auf konkrete Textpassagen beziehen, können leichter in unterschiedlichen Schwierigkeitsgraden gestellt werden. Sie sind meist in mehrere Teilaufgaben gegliedert. Am Anfang steht in der Regel eine inhaltliche Erschließung des Textes, in der Mittelstufe meist als einfache Textzusammenfassung. Die einfache Textzusammenfassung steht immer im Präsens, gibt den wesentlichen Gang der Handlung wieder und versucht dabei auch, inhaltliche Zusammenhänge zu verdeutlichen. In der Oberstufe wird stärker verlangt, die inhaltliche Struktur zu erkennen und zu verdeutlichen. Die Analyse der inhaltlichen Struktur kann mit einer weiteren Aufgabe verbunden sein, z.B. einer Personencharakteristik. Sehr häufig wird auch eine Untersuchung des Sprachgebrauchs verlangt. Bei der Sprachanalyse geht es nicht in erster Linie darum, möglichst viele Sprachbeobachtungen einfach aufzuzählen. Wichtiger ist es, die Wirkung der sprachlichen Auffälligkeiten zu erklären und aus der Sprache etwas über die Charakterisierung einer Person abzuleiten oder die Sprache mit der Aussageabsicht des Autors in Verbindung zu bringen. In der Mittelstufe bieten sich auch noch Fragen an, die inhaltliche Zusammenhänge erklären oder zeigen sollen, ob wesentliche Inhalte des Auszugs verstanden wurden. Mit jeder Klassenstufe wird der Schwierigkeitsgrad der Fragen gesteigert. Es wird auch erwartet, dass literarisches Wissen auf Texte angewendet wird. So kann beispielsweise verlangt werden, die Erzähltechnik zu untersuchen. Dazu müssen die Schülerinnen und Schüler die Fachbegriffe kennen, damit sie sie auf den Text beziehen und beispielsweise herausfinden können, aus welcher Erzählperspektive geschrieben wird, wie wörtliche Reden eingebunden werden, ob eher traditionelle oder moderne Erzähltechniken benutzt werden, ob berichtend oder eher schildernd und ob zeitraffend oder zeitdehnend erzählt wird. Gerade bei epischen Werken kann auch verlangt werden, den Textauszug begründet einer der epischen Gattungen zuzuordnen und dies an Textmerkmalen zu belegen. Vor allem bei älteren Texten kann auch die Aufgabe gegeben werden, den Textauszug zeitlich einzuordnen oder einer bestimmten literarischen Epoche zuzuordnen. Insgesamt gilt für jede der zahlreichen Möglichkeiten, dass die genaue Auswertung des vorgegebenen Auszugs im Blick auf die Aufgabenstellung wichtig ist. Dabei sollte den Schülern auch bewusst sein, dass alle Feststellungen belegt werden müssen, entweder durch direkte Zitate oder bei längeren Auszügen durch eine Zusammenfassung der entsprechenden Textpassage. Werden wichtige Textstellen bei der Bearbeitung übersehen, wirkt sich dies negativ auf die Bewertung aus. Im Unterricht müssen die Schülerinnen und Schüler zur Genauigkeit angehalten werden. Jede genaue Besprechung eines literarischen Texts im Unterricht ist auch eine Vorbereitung für das Schreiben von Aufsätzen, auch wenn keine schriftliche Ausarbeitung verlangt wird.

Unterrichtsverlauf

Überblick. Mit dieser Unterrichtsstunde wird die Unterrichtssequenz abgeschlossen. Sie dient auch der Vorbereitung einer benoteten Arbeit, die beweisen soll, dass die Schülerinnen und Schüler die besprochene Novelle verstanden haben und in der Lage sind, einen Textauszug anhand von vorgegebenen Fragen zu erschließen. In dieser Stunde wird nur der abgegebene Übungsaufsatz Frage für Frage besprochen. Dabei werden auch Textauszüge aus den Schüleraufsätzen von der Lehrkraft vorgelesen, um zu verdeutlichen, was falsch und was gut gemacht wurde. **! Kein verkürzter Verlauf möglich**

Phase	Thema	Sozialform	Kompetenzen/Lernziele	Materialien
Voraussetzungen: Hausaufgabe der 11. Stunde, von den Schülerinnen und Schülern bearbeitet und von der Lehrkraft korrigiert				
12.1	Arbeitsauftrag 1: Analyse des Aufbaus und der Darstellung der Bauern	UG	• Den Aufbau eines Textauszugs erkennen • Wichtige Textstellen zur Beschreibung der Bauern herausarbeiten • Qualität von Schüleraufsätzen beurteilen können	Schüleraufsätze
12.2	Arbeitsauftrag 2: Untersuchung der Erzähltechnik	UG	• Wesentliche Merkmale der Erzähltechnik erkennen und im Text nachweisen • Qualität von Schüleraufsätzen beurteilen können	Schüleraufsätze
12.3	Arbeitsauftrag 3: Untersuchung der sprachlichen Gestaltung	UG	• Auffällige Merkmale der sprachlichen Gestaltung erkennen • Wirkung der sprachlichen Gestaltung herausarbeiten • Qualität von Schüleraufsätzen beurteilen können	Schüleraufsätze

12.1 Arbeitsauftrag 1: Analyse des Aufbaus und der Darstellung der Bauern

Unterrichtsschritt. Der Arbeitsauftrag 1 der Hausaufgabe aus der 11. Stunde wird anhand von Schülerbeispielen erörtert. UG

Erläuterungen. Da die Aufgabenstellung für den Mittel- und Oberstufenunterricht sich nur durch den Abstraktionsgrad unterscheidet, kann hier und in den folgenden Unterrichtsschritten der Erwartungshorizont für beide gebündelt werden.

Zur Analyse des Aufbaus und der Darstellung der Bauern:

1. *Einleitung.* Sie gibt der zu erzählenden Handlung als Rahmen etwas Allgemeingültiges und zugleich Realistisches, weil sie ein wiederkehrendes Grundproblem der Menschen behandelt und auf einem realen Vorfall beruht.
2. *Beschreibung der örtlichen Gegebenheiten und der Tätigkeit der Bauern.* Sie werden als lange knochige Männer von ungefähr vierzig Jahren mit wohlrasierten Gesichtern beschrieben. Es sind gutbesorgte, also wohlhabende Bauern, sie tragen kurze Kniehosen von starkem Zwillich, »an dem jede Falte ihre unveränderliche Lage hatte und wie in Stein gemeißelt aussah« (S. 3). Dies kann als Vorausdeutung auf ihre Starrsinnigkeit interpretiert werden.
3. *Auftauchen und Beschreiben der beiden Kinder.* In diesem Abschnitt werden die beiden Bauern als fleißige Meister und als gute Nachbarn beschrieben.
4. *Gemeinsames Frühstück*, das mit »zufriedenem Wohlwollen« (S. 5) eingenommen wird, während sie die Umgebung beobachten.

12.2 Arbeitsauftrag 2: Untersuchung der Erzähltechnik

UG

Unterrichtsschritt. Der Arbeitsauftrag 2 der Hausaufgabe wird anhand von Schülerbeispielen erörtert.

Erläuterungen. Der Er-Erzähler erscheint als Beobachter, der anfangs aus größerer Distanz zum Geschehen beschreibt, dann aber eine größere Nähe zum Geschehen hat, als die beiden Kinder auftauchen. Er gibt nur äußeres Geschehen wieder, es wird also eine reine Außenperspektive dargestellt. Als auktorialer Erzähler überblickt er einen langen Zeitraum (»vor Jahren«, S. 3). Der erste Teil kann als Erzählerbericht bezeichnet werden, der die Tätigkeit der Bauern zusammenfassend beschreibt. Die Darstellung der Landschaft (Teil 2) ist überwiegend eine Schilderung. Bei der Beschreibung der Kinder und dem gemeinsamen Frühstück (Teil 3 und 4) wechselt der Autor zur Erzählerrede, denn hier gibt es keine Zeitraffung mehr.

12.3 Arbeitsauftrag 3: Untersuchung der sprachlichen Gestaltung

UG

Unterrichtsschritt. Der Arbeitsauftrag 3 der Hausaufgabe wird anhand von Schülerbeispielen erörtert.

Erläuterungen. Eindruck eines ruhigen, friedlichen Landlebens: Bei der Landschaftsbeschreibung werden nur positive Konnotationen verwendet, z. B. S. 3, zweiter Absatz: »An dem schönen Flusse«, »Erdwelle [...] wohlbebaut«, »in der fruchtbaren Ebene«, »über die sanfte Anhöhe«, »drei prächtige lange Äcker«, »An einem sonnigen Septembermorgen«; S. 4: »goldenen Septembergegend«.

Auffällig sind auch die Verniedlichungen, Diminutive, insbesondere als die Kinder das Frühstück bringen, z. B. S. 3: »Welt von geflügelten Tierchen summte ungestört«, S. 4: »kleines artiges Fuhrwerklein«, »grün bemaltes Kinderwägelchen«, »schönes Brot, in eine Serviette gewickelt, eine Kanne Wein mit Gläsern und noch irgendein Zutätchen«. Anscheinend herrscht noch ein friedliches und gutnachbarliches Nebeneinander der beiden Bauern. Das mitgebrachte Frühstück in freier Natur wird »mit Behagen« (S. 5) eingenommen.

Auch die Stadt passt sich gut in die Landschaft ein: liegt »räucherig glänzend in [den] Bergen«, »Silbergewölk« schwebt »lachend an ihren Bergen« (ebd.).

13 Klausurvorschlag: Analyse eines Textabschnitts

Die folgende Klausuraufgabe kann in der Mittel- und in der Oberstufe gestellt werden. Der Erwartungshorizont bei den Ergebnissen variiert entsprechend.

Klausuraufgabe

Verfassen sie eine Analyse zu folgendem Textabschnitt: *Romeo und Julia auf dem Dorfe*, Reclam XL, S. 26, Z. 22 – S. 30, Z. 31 (»Wenn man Manz vor zwölf Jahren« bis »dies Lachen notwendig sehen und seiner innewerden«).

1. Beschreiben Sie die soziale Situation der beiden Männer und ihr Verhältnis zueinander.
2. Wie wird vom Autor der Beginn der Liebe zwischen Sali und Vrenchen dargestellt?
3. Untersuchen Sie die Erzähltechnik in diesem Abschnitt.

Lösungshinweise

1. Beschreiben Sie die soziale Situation der beiden Männer und ihr Verhältnis zueinander.

Beide hatten früher gute Zeiten, grüßten sich bei ihren Begegnungen mit Handschlag (vgl. S. 29).

- Sie waren früher wohlhabende Bauern, ihr bäuerlicher Besitz ging verloren oder wird vernachlässigt; stetiger sozialer Abstieg, so dass sie Fische fangen müssen, um sich zu ernähren.
- Bloßer Anblick des anderen und die überraschende Nähe aktivieren die Hassgefühle und lösen Beschimpfungen aus (vgl. S. 27).
- Genugtuung von Manz über den Niedergang seines Kontrahenten (vgl. S. 27).
- Martis Neid auf das vermeintlich bessere Los des Wirtes Manz in der Stadt (vgl. S. 27 f.).
- Die Brücke ermöglicht den erstmaligen unmittelbaren Kontakt und führt zur Eskalation des Streits mit Handgreiflichkeiten (vgl. S. 28 f.).
- Manz' Tränen als Zeichen des inneren Aufgewühltseins (vgl. S. 30).

2. Wie wird vom Autor der Beginn der Liebe zwischen Sali und Vrenchen dargestellt?

Die Kinder begleiten ihre Väter, ihre Begegnung findet zunächst in deren Gefolge statt.

- Sali ist von Vrenchens schlanker und anmutiger Gestalt beeindruckt, aber nur »neugierig und verwundert« (S. 28); Vrenchen nimmt das anfangs nicht wahr, sie verhält sich schüchtern und verschämt.
- Die Kinder greifen auf der Brücke zunächst auf der Seite ihrer Väter ein, um ihnen zu helfen (S. 29: Sali, »um seinem Vater beizustehen«, Vrenchen, »um ihn zu schützen«)
- Als sie ihn »flehend« anschaut, ändert Sali »[u]nwillkürlich« (S. 29) sein Verhalten: Er unterstützt plötzlich nicht mehr seinen Vater im Kampf, sondern versucht, die Kampfhähne zu trennen.
- Sie kommen dabei erstmals »in dichte Berührung« (S. 29), Vrenchens schönes Gesicht lacht trotz der Tränen Sali kurz an (S. 30), sie sehen sich erstmals Kontakt aufnehmend an.
- Sie geben sich zum Abschied kurz die Hände (vgl. S. 30), eine erste bewusste Annäherung und ein Zeichen, dass die Feindschaft der Väter sie nicht zu Feinden macht (vgl. auch den Hinweis auf den früheren Handschlag der Väter S. 29).
- Sali sieht auf dem Heimweg beständig Vrenchens Gesicht vor sich, ein klares Zeichen für Verliebtheit. Seine inneren »glückseligen Bilder[]« (S. 30) stehen im Gegensatz zum Aufgewühltsein seines Vaters, das parallel im gleichen Absatz geschildert wird.

3. Untersuchen Sie die Erzähltechnik in diesem Abschnitt.

Der auktoriale Erzähler kennt die Gedankenwelt der beiden verfeindeten Bauern, die er nacheinander darstellt, bevor es zur Begegnung kommt, die der Autor zu einem Erzählhöhepunkt und zugleich Wendepunkt ausgestaltet. Sobald sich die beiden Kontrahenten wahrnehmen, wird in die Erzählerrede Figurenrede eingefügt, bevor dann das komplexe Handlungsgeschehen mit mehreren Akteuren entfaltet wird. Trotz des dramatischen Geschehens mit synchron ablaufenden unterschiedlichen Handlungen und der Zeitdeckung kann man aber nicht von einer szenisch-dialogischen Darstellung sprechen, weil es viele Kommentare des auktorialen Erzählers gibt. So wird es als völlig unangemessen eingestuft, dass sich zwei in die Jahre gekommene Herren wie zwei Buben prügeln wollen. Immer wieder werden unterschiedliche Akteure in den Blick genommen, Innen- und Außensicht wechseln ständig. Am Ende des Auszugs geht der Autor wieder in den Erzählerbericht über, in dem die Gedanken von Manz und Sali wiedergegeben werden. Die Begegnung ist nicht nur ein dramatischer Erzählhöhepunkt, sondern auch ein Wendepunkt, weil ab hier die Kinder der verfeindeten Bauern in den Mittelpunkt rücken.

Das Wetter, also dunkle Wolken und Gewitter, kann als Kommentar zu dem menschlichen Handeln verstanden werden. Das gilt insbesondere für den Ausbruch des Gewitters in dem Moment, als die Väter ihren Kampf beginnen, und für den Wolkenriss, der die Szene erhellt, als Sali Vrenchens schönes Gesicht bewusst ansieht.

Lösungshinweise zu den Arbeitsblättern

Lösungshinweise zu ARBEITSBLATT 5 (➤ S. 33)

Hoffnung, Zeichen von Liebesglück	**Stationen des letzten Tages**	drohendes Unheil
• *offenkundige Verliebtheit von Sali und Vrenchen* • *Entfaltung einer Traumwelt eines reichen Lebens zu zweit*	*1. Abschied vom elterlichen Haus (S. 52–58)*	• *absolute Armut der beiden* • *Bewusstsein, den letzten gemeinsamen Tag zu erleben*
• *Freude über das gute Essen und die Behandlung durch die Wirtin*	*2. Wanderung durch die Natur mit Frühstück (S. 58–61)*	• *Bewusstsein, dass alles nur ein vorübergehender Traum ist*
• *Wirtin hält sie für ein ehrbares Paar*	*3. Mittagessen im Wirtshaus (S. 61–63)*	• *Kellnerin ordnet sie unüberhörbar den Heimatlosen zu*
• *Geschenke zeigen wieder den Traum vom bürgerlichen Glück*	*4. Kirchweih (S. 63–67)*	• *ablehnende Reaktion der Dorfjugend*
• *ausgelassenes Tanzen, Wunsch nach körperlicher Nähe*	*5. Paradiesgärtlein (S. 67–74)*	• *zerdrücktes Lebkuchenhaus als Symbol für das Ende der Illusion* • *»Wir können nicht zusammen sein und doch kann ich nicht von dir lassen«* • *Leben bei den Heimatlosen passt nicht zu ihren inneren Werten* • *Hochzeitszeremonie durch den Schwarzen Geiger*
	6. »Hochzeitszug« durch ihr Heimatdorf und über die drei Äcker (S. 75)	• *Sali und Vrenchen bleiben bewusst zurück*

Lösungshinweis zu ARBEITSBLATT 8b (➤ S. 54)

	Handlung (Überschrift)	Schwerpunkte des Erzählens	Erzählte Zeit	Erzählzeit (Zahl der Seiten)
1	*Manz und Marti bei der Feldarbeit*	*Unrecht der Väter beim Pflügen, gemeinsames Spielen der Kinder*	*Morgen und Mittag eines Tages im September*	*ca. 8 Seiten*
2	*Prozess um den Acker*	*Tag der Versteigerung, Manz' Umzug in die Stadt, Streit auf der Brücke*	*13 Jahre*	*ca. 20 Seiten*
3	*Salis Besuch bei Vrenchen und Begegnung mit dem schwarzen Geiger*	*Aufenthalt auf dem strittigen Acker, Begegnung mit dem schwarzen Geiger, Salis Schlag mit dem Stein und Einlieferung Martis in die Anstalt*	*1 Tag und sechs Wochen Genesungszeit*	*ca. 14 Seiten*
4	*Sali und Vrenchen beim Tanz und Tod des Liebespaars*	*gemeinsame Wanderung, Kirchweih, Paradiesgärtchen, Heuschiff*	*2 Tage*	*ca. 37 Seiten*

Lösungshinweis zu ARBEITSBLATT 9b (➤ S. 87)

Entstehung und Veröffentlichung der Novelle

3. September 1847	Zeitungsmeldung zum Tod der zwei Liebenden in Altsellershausen bei Leipzig
September 1847	Tagebucheintrag zum Motiv der drei Äcker und der zwei pflügenden Bauern
1853	Brief an Vieweg: Plan eines Novellenzyklus
Januar 1856	*Die Leute von Seldwyla* erscheint, darin enthalten *Romeo und Julia auf dem Dorfe*
1857	Englische Übersetzung
1858	Französische Übersetzung
1870	Italienische Übersetzung
1874	Zweite Auflage der *Leute von Seldwyla* (mit Textänderungen bei *Romeo und Julia auf dem Dorfe*)
Dezember 1875	*Romeo und Julia auf dem Dorfe* erstmals als Einzelwerk veröffentlicht